DÓNDE EMPEZAR

UNA GUÍA DE SUPERVIVENCIA PARA

LA ANSIEDAD, LA DEPRESIÓN Y OTRAS CONDICIONES DE SALUD MENTAL

ROCKY POND BOOKS

MENTAL HEALTH AMERICA

TRADUCCIÓN DE LA DRA. AMERICA PAREDES

ILUSTRACIONES DE GEMMA CORRELL

ROCKY POND BOOKS
Un sello editorial de Penguin Random House LLC
1745 Broadway, New York, New York 10019

Publicado por primera vez en los Estados Unidos de América
en inglés como *Where to Start* por Rocky Pond Books,
un sello editorial de Penguin Random House LLC, 2023
Edición en español publicada por Rocky Pond Books, 2025

Los datos del registro de la Catalogación en la Publicación (CIP)
de la Biblioteca del Congreso están disponibles.

Impreso en los Estados Unidos de América

ISBN 9798217004584

2nd Printing

LSCC

Diseño de Sylvia Bi y Maya Tatsukawa • Texto compuesto en Sofia Pro

El representante autorizado en la UE para la seguridad y cumplimiento de este
producto es Penguin Random House Ireland, Morrison Chambers, 32 Nassau Street,
Dublin D02 YH68, Irlanda, https://eu-contact.penguin.ie.

Gracias a Shawn Goodman por su valioso y sincero trabajo en este proyecto.

Este libro es para cualquiera que haya tenido dificultades y se haya sentido solo. Es para cualquiera que no se haya sentido valorado. O sin amor. O no querido. O inseguro. Este libro es para cualquiera que haya mirado fijamente a la oscuridad a las tres de la mañana, intentando detener la voz autocrítica de su mente. Intentando detener las preguntas.

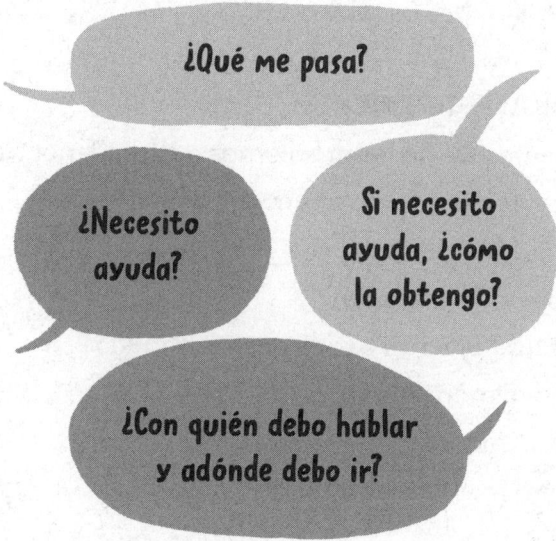

¿Qué me pasa?

¿Necesito ayuda?

Si necesito ayuda, ¿cómo la obtengo?

¿Con quién debo hablar y adónde debo ir?

Sobre todo, este libro es para cualquiera que se haya preguntado si puede sentirse mejor y construir una vida sin tanto sufrimiento.

¡ESTE LIBRO ES PARA TI!
ESTÁS EN EL LUGAR ADECUADO. SIGUE LEYENDO.

CONTENIDO

CÓMO UTILIZAR ESTE LIBRO

* No hay una forma correcta o incorrecta de leer este libro. Empieza por donde quieras y no sientas la necesidad de leerlo todo de corrido. Puede que haya una sección que sea realmente importante para ti. Está bien ir allí primero.

* Lee fragmentos cada vez y dedica un tiempo a pensar o descansar. Aprender nueva información lleva tiempo, entonces ten paciencia.

* Puedes llevar un diario mientras lees. Si lo haces, anota tus pensamientos, sentimientos y, sobre todo, tus preguntas.

* Puedes omitir secciones o leerlas por encima según lo desees. Puedes leer sin un orden. Enfócate en la sección que más te interese o que trate el problema o la pregunta que más dificultades te genere.

* Este no es un libro de instrucciones con pasos específicos a seguir. Es una guía y las mejores guías son aquellas a las que regresamos en diferentes ocasiones por diferentes razones. En otras palabras, consérvalo en tu biblioteca para referencia futura.

* Compártelo con las personas que te importan, especialmente las secciones que crees que podrían ayudar a un amigo o a alguien de confianza a comprenderte y apoyarte mejor.

* Haz de este libro tu libro. ¡Los márgenes son amplios a propósito! Escribe notas o haz dibujos en ellos. Subraya las partes que te interesan o las que quieras volver a consultar.

LOS PROBLEMAS DE SALUD MENTAL SE SIENTEN COMO...

«PAREZCO ESTAR BIEN
EN LA SUPERFICIE,

PERO EN REALIDAD,
APENAS ME MANTENGO
A FLOTE».

INTRODUCCIÓN

QUERIDO LECTOR:

Tal vez sea demasiado difícil creer ahora mismo que otras personas puedan entender por lo que estás pasando. Y quizá sea aún más difícil creer que realmente pueden ayudarte. Es difícil confiar, sobre todo cuando los demás no se han ganado tu confianza, o cuando te sientes mal y no sabes qué hacer. Pero si has elegido este libro ya crees en la posibilidad de que haya alguien que pueda entenderte. Hay alguien que puede ayudarte.

Este libro consta de cuatro partes. Cada parte responde a una pregunta. La primera pregunta es: «¿Estoy bien?». Esta parte del libro te proporcionará información precisa sobre los problemas de salud mental más comunes. Está diseñada para decirte lo que necesitas saber en un lenguaje sencillo, sin misterio ni confusión.

La segunda pregunta es: «¿Cómo hablamos entre nosotros sobre la salud mental?». Esta parte del libro te prepara para mantener conversaciones difíciles con las personas importantes de tu vida. Mantener este tipo de conversaciones es una puerta de entrada para obtener ayuda. También es una buena forma de disminuir la soledad y el aislamiento que se producen cuando se sufre en silencio.

«¿Cómo obtener ayuda profesional?» es la pregunta a la que responde la tercera parte. Aquí aprenderás sobre los distintos tipos de tratamiento y quién es la persona adecuada para proporcionarlo. Aprenderás todo sobre la terapia —cómo encontrar un buen terapeuta y aprovechar al máximo sus sesiones—, los medicamentos y la hospitalización. Y aprenderás sobre aplicaciones de terapia, líneas de mensajes de texto, líneas directas y líneas de apoyo de pares.

La última parte del libro responde a la pregunta «¿Cómo puedo cuidarme mejor?». En esta sección, aprenderás cosas generales como manejar emociones difíciles y evitar las trampas del pensamiento, y cosas específicas como qué hacer si no puedes levantarte de la cama y cómo afrontar un ataque de pánico.

NOTA SOBRE EL LENGUAJE

Las palabras importan. El lenguaje importa. En este libro encontrarás un lenguaje sencillo que afirma que eres una persona única. No encontrarás mucha jerga psicológica,

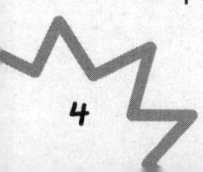

ni citas de investigaciones o términos clínicos. Hay muchos otros libros que se escriben así, y tienen objetivos muy diferentes. Los objetivos de este libro son sencillos: proporcionar buena información sobre cómo empezar a cuidar de tu salud mental y capacitarte para dar los primeros pasos en tu camino hacia sentirte mejor.

En este libro utilizaremos un lenguaje centrado en la persona. El lenguaje centrado en la persona sitúa a esta en su totalidad por encima de cualquier enfermedad, discapacidad o etiqueta. Diremos «una persona que vive con esquizofrenia» en lugar de «una persona esquizofrénica». Diremos «una persona que vive con un trastorno por consumo de sustancias» en lugar de «un adicto». El lenguaje centrado en la persona valora la dignidad y singularidad de todas las personas. Y lo que es más importante, disuade de pensar que la discapacidad o condición de una persona es una característica de su identidad.

NOTA SOBRE LOS COMIENZOS

Leer este libro significa dar un paso hacia la sanación. Estás iniciando el viaje del aislamiento a la conexión, del sentimiento de estar perdido y desesperanzado al comienzo de la confianza en ti mismo y la estabilidad. El viaje puede ser largo y difícil. Puede que necesites trabajar emociones dolorosas y aprender nuevas habilidades. A veces, puedes sentir que el trabajo es demasiado intenso, demasiado exigente. Pero ¡puedes hacerlo! Y recuerda: los cambios positivos se producen cuando hablamos honestamente de lo que sentimos y del tipo de apoyo que necesitamos. El viaje vale la pena. ¡*Tú* vales la pena!

PARTE UNO

¿ESTOY BIEN?

LOS PROBLEMAS DE SALUD MENTAL SE SIENTEN COMO...

«PERSEGUIR CONSTANTEMENTE UNA VIDA "NORMAL"».

Signos y síntomas de los problemas de salud mental

Por un momento, intenta pensar en tu salud mental al igual que piensas en tu salud física. Todos tenemos días buenos y días malos, y altibajos en nuestra salud física. Esto es totalmente normal. Puede que algunos días te sientas un poco cansado, dolorido o con un malestar. Eso no significa necesariamente que estás enfermo. Sabes que estás físicamente enfermo cuando notas que algo ha empeorado: te encontrabas bien, pero hoy tienes fiebre alta y has perdido la voz. Algo te impide funcionar correctamente. Las cosas que por lo general son fáciles ahora se sienten mucho más difíciles. Tal vez sea lo suficientemente grave como para no poder ir a la escuela o al trabajo.

Los problemas de salud mental son similares. Días buenos y días malos. Momentos felices y momentos tristes. La única diferencia es que, en lugar de buscar los síntomas físicos, como el goteo nasal o el malestar estomacal, prestas atención a tus pensamientos, sentimientos y comportamientos. Estos son algunos ejemplos de cosas que pueden brindarte indicaciones:

* Antes eras muy alegre y extrovertido, pero últimamente lo único que quieres hacer es sentarte en tu habitación.
* Las cosas que antes te agradaban han perdido su atractivo. La comida ya no sabe tan bien como antes, y toda tu música favorita suena aburrida.
* Te quedas dormido en clase o en el trabajo. Es difícil prestar atención, estudiar y hacer un seguimiento de las tareas.
* Tu amigo habla y te esfuerzas por escuchar, pero no puedes concentrarte. Solo puedes pensar son las cosas malas que te podrían pasar.
* Tienes pensamientos de muerte, de hacerte daño o de suicidarte.
* No puedes salir de casa sin organizar y alinear tus zapatos y tu ropa. Lo haces tanto que llegas tarde a la escuela.
* Siempre estás irritado y no puedes dejar de gritarles a las personas.
* Recientemente has empezado a oír voces que nadie más parece oír.

Puede que solo uno de estos ejemplos se aplique a tu caso. O ninguno. Lo importante es notar cualquier cambio en tus pensamientos, sentimientos o comportamientos que dificulte tu vida cotidiana.

CÓMO MEJORAR

Antes de seguir adelante, es importante recordar que, independientemente del tipo de problema de salud mental que enfrente una persona, siempre es posible mejorar. ¡No lo olvides! Encontrar ayuda es importante. Conectarse con los demás es importante. También lo es ser amable contigo mismo e intentar no juzgarte con demasiada dureza.

¿TENGO QUE PONERLE UNA ETIQUETA?

Hablemos de etiquetas o de cómo llamar a los distintos tipos de problemas de salud mental.

La etiqueta que utilizan los profesionales de la salud para hablar de una condición de salud mental específica se denomina diagnóstico. Un ejemplo de diagnóstico podría ser *trastorno de ansiedad generalizada o trastorno bipolar.* Hay muchos diagnósticos que describen distintas condiciones de salud mental; van mucho más allá de la simple *depresión.* Algunas personas se sienten reconfortadas al saber que existe un nombre para lo que han estado experimentando. A otras personas no les agrada; pueden sentir que el diagnóstico es demasiado médico y no deja espacio para lo que realmente son como personas. Ambos puntos de vista son válidos, y puedes decidir por tu cuenta cuál es tu postura.

En esta parte del libro se tratan los síntomas de las condiciones de salud mental más comunes, pero ten esto en cuenta: no necesitas un diagnóstico para obtener ayuda. Algunos terapeutas prefieren no diagnosticar a sus pacientes. E incluso las personas sin un diagnóstico o problema grave de salud mental pueden beneficiarse con la terapia. Pero para muchas personas puede ser útil tener un nombre para lo que sucede. Las etiquetas se asignan para ayudarte, no para limitarte o encasillarte. Con el diagnóstico adecuado, puede ser más fácil encontrar información útil en internet, recibir el tipo de tratamiento adecuado y relacionarte con otras personas que han tenido experiencias similares.

¿CÓMO PUEDO SABER LO QUE TENGO?

A veces las personas pueden hacerse una idea clara de la condición que pueden tener simplemente leyendo en internet y hablando con otras personas que han tenido experiencias similares. Pero es fácil dejarse llevar. ¿Alguna vez has utilizado WebMD para comprobar tus síntomas físicos y has terminado pensando que debes tener alguna enfermedad rara? Las condiciones de salud mental pueden ser iguales.

Un buen punto de partida es someterte a una prueba de salud mental, y hemos incluido una al final de este capítulo. Puedes utilizar los resultados para iniciar una conversación con tus amigos o familiares, y para controlar tu progreso a lo largo del tiempo.

Finalmente, si quieres obtener un diagnóstico oficial, tendrás que reunirte con un médico o un terapeuta. Te hará preguntas y utilizará su capacitación y experiencia para determinar si tus síntomas cumplen los criterios de un diagnóstico específico. Si quieres hacerlo, intenta reunirte con alguien especializado en salud mental, como un psiquiatra, un psicólogo o un terapeuta. Tu médico de familia habitual puede diagnosticar condiciones comunes como la depresión, la ansiedad y el TDAH (trastorno por déficit de atención e hiperactividad), y puede derivarte a un especialista si lo considera necesario.

Ten en cuenta que ni siquiera los profesionales de la salud mental son perfectos. Si has recibido un diagnóstico y no crees que sea correcto, puedes pedir una segunda opinión. Y recuerda: un diagnóstico no te define, es solo una forma de ponerte en contacto con ayuda más específica.

Trastornos del estado de ánimo

DEPRESIÓN

Sentirse triste es una experiencia humana normal, pero estar triste demasiado tiempo puede causar angustia y problemas graves en la vida. Puede que te alejes de tu familia y amigos, que tengas dificultades en la escuela o el trabajo o que te sientas abrumado por las actividades. Cuando demasiada tristeza afecta tu vida, es posible que tengas depresión.

La depresión es un tipo de trastorno del estado de ánimo. Los trastornos del estado de ánimo se producen cuando los cambios de humor van más allá de los altibajos normales de la vida cotidiana. Los episodios de depresión duran al menos dos semanas seguidas, pero a veces pueden durar meses o incluso años.

Una de las dificultades para hablar de la depresión es que se manifiesta de forma diferente de una persona a otra. Cuando leas el siguiente contenido, verás que una persona con depresión puede dormir demasiado, mientras que otra puede dormir demasiado poco. No permitas que esto te confunda o te abrume. Solo significa que cada persona es diferente, y que las condiciones de salud mental están causadas por muchos factores distintos. Por lo tanto, pueden presentarse de forma diferente.

LA DEPRESIÓN SE SIENTE COMO...

«UNA TERRIBLE SENSACIÓN DE HUNDIMIENTO».

Muchas personas cometen el error de pensar que la depresión es una elección o una expresión de la personalidad de alguien. Aunque tomar decisiones saludables es importante, hay muchos otros factores que determinan si una persona desarrolla o no depresión, como la genética, los traumas, los medicamentos o las condiciones médicas. Puede ser difícil precisar la causa de la depresión porque a veces no es una sola cosa la que desencadena el estado de ánimo. La depresión puede afectar a cualquiera. Independientemente de las circunstancias de tu vida, si crees que estás deprimido, cuanto antes busques ayuda, mejor podrás controlarla. Puede que sientas que no mereces la ayuda o que otras personas están peor que ti, pero eso es totalmente falso. Mereces recibir ayuda y sentirte mejor.

¿CÓMO SÉ SI ESTOY TRISTE O DEPRIMIDO?

La depresión consiste en estar triste, pero es mucho más que eso. La depresión conlleva muchos otros síntomas, como sentirte agotado la mayor parte del tiempo, perder interés por las actividades que normalmente te gustan o tener pensamientos de muerte y suicidio. Los episodios de depresión duran al menos dos semanas seguidas. Pueden desencadenarse por un evento triste o perturbador o surgir de la nada.

Por otro lado, la tristeza, incluso la extrema, puede ser una reacción normal ante situaciones como una ruptura o la pérdida de un ser querido. Dicho esto, la tristeza habitual puede convertirse en depresión. Si los sentimientos no mejoran con el tiempo, o si tu estado de ánimo empieza a interferir en tu vida cotidiana, es posible que estés desarrollando un caso de depresión.

LA DEPRESIÓN SE SIENTE COMO...

«ESTO».

PERDIDO

MI MOTIVACIÓN PARA HACER LAS COSAS

Los cambios físicos también pueden afectar al estado de ánimo y parecerse a una depresión, como los cambios hormonales debidos a la pubertad o a determinados tratamientos o condiciones médicas. El consumo de drogas y alcohol también puede cambiar tu estado de ánimo. Algunas personas intentan consumir drogas y alcohol para automedicar una depresión subyacente u otra condición de salud mental. Esto nunca es una buena idea. Habla con tu médico si te ocurre alguna de estas cosas.

Aquí encontrarás una lista de los síntomas más comunes de la depresión. No es necesario experimentar todos estos síntomas para estar deprimido. La experiencia de la depresión es ligeramente diferente en cada persona.

* **Sentirte decaido, vacio por dentro o irritable la mayor parte del dia todos los dias.**
* **Pérdida de interés en actividades que normalmente disfrutas.**
* **Cambios en el apetito o el peso. Esto podria ir en cualquier dirección: comer demasiado y aumentar de peso o no comer lo suficiente y perder peso.**
* **Cambios en el sueño: no poder dormir o dormir demasiado.**
* **Cambios en la actividad: sensación de inquietud interior o de pereza.**
* **Sentirte agotado incluso cuando parecería que estás durmiendo lo suficiente.**

* Hablar o moverte lentamente, estar inquieto o caminar de un lado a otro.
* Sentimientos de inutilidad o culpabilidad.
* Dificultad para pensar, concentrarte o tomar decisiones.
* Pensamientos de muerte o suicidio.

¿Y SI HE ESTADO PENSANDO EN LA MUERTE?

Es normal pensar en la muerte en distintos momentos de la vida. Las personas que viven con depresión pueden pensar a menudo en la muerte. A veces esto implica pensar en el suicidio, pero no siempre. Muchas personas que viven con depresión piensan en no existir o se preguntan si el mundo sería mejor sin ellas. Si tienes pensamientos suicidas o estás planeando suicidarte, deja de leer y busca ayuda ahora. Llama a la Línea Nacional de Prevención del Suicidio al 988 o envía un mensaje de texto con la palabra AYUDA al 741741 para que te pongan en contacto con un asesor de crisis capacitado de la Línea de consejero de crisis. Otra alternativa es llamar a una línea de apoyo de pares. Si quieres leer más sobre los pensamientos suicidas y aprender a mantenerte a salvo, pasa a la página 139.

TRASTORNO BIPOLAR

Las personas con trastorno bipolar experimentan periodos prolongados de energía y humor extremadamente altos, denominados manía, y periodos prolongados de energía y humor extremadamente bajos, denominados depresión. Estos episodios pueden variar en duración, pero por lo general duran desde unas semanas a varios meses. En el medio, hay periodos en los que uno se siente "normal".

Aunque todo el mundo tiene altibajos en el estado de ánimo y la energía, con el trastorno bipolar los cambios son mucho más graves. Aun así, puede ser difícil distinguir entre el trastorno bipolar y los cambios de humor normales. Muchas personas tienen cambios de humor, pero cuando estos sentimientos persisten y se interponen en tus relaciones y en tu capacidad para funcionar en la escuela y en otras partes de tu vida, podría tratarse de trastorno bipolar. Hablemos un poco más de cómo son los episodios maníacos y depresivos.

MANÍA

Durante un episodio maníaco, puedes experimentar algunos de los siguientes síntomas:

* ☀ Tener mucha energía.
* ☀ Sentirte imparable.
* ☀ Pensamientos acelerados.
* ☀ No dormir.
* ☀ Comportamiento impulsivo, como gastar demasiado dinero, mantener relaciones sexuales de riesgo o abusar de las drogas y el alcohol.
* ☀ Síntomas psicóticos como paranoia o ver u oir cosas que otras personas no ven.
* ☀ Sentimiento exagerado de autoimportancia y preocupación por fantasías de éxito ilimitado, poder, superioridad o amor ideal.

Tal vez hayas dado cuenta de que algunos de estos síntomas suenan divertidos, mientras que otros dan bastante miedo. Muchas personas se sienten muy bien durante los episodios maníacos, pero a menudo toman malas decisiones de las que luego se arrepienten. Durante un episodio maníaco realmente grave, algunas personas son hospitalizadas por comportamiento suicida o síntomas extremos que pueden ser peligrosos.

La hipomanía es una forma menos intensa de manía. Los síntomas son similares, pero más leves. El impacto en la vida cotidiana de las personas no es tan grave.

Una última cosa sobre los síntomas maníacos: son grandes cambios respecto a cómo es una persona normalmente. Si tú siempre hablas con rapidez, tomas decisiones impulsivas y duermes poco, esos no son signos de un episodio maníaco.

DEPRESIÓN

Durante un episodio depresivo, puedes experimentar algunos de los siguientes síntomas:

* **Sentirte triste.**
* **Sentirte inútil, desconectado o vacío.**
* **Baja energía.**
* **Cambios en los hábitos de sueño y alimentación.**
* **Pensamientos de muerte o suicidio.**

OTROS ASPECTOS DEL TRASTORNO BIPOLAR

Al igual que otras condiciones mentales, el trastorno bipolar no tiene una única causa. Por el contrario, existen una serie de factores de riesgo como la genética, el entorno, los traumas infantiles, los acontecimientos estresantes, los

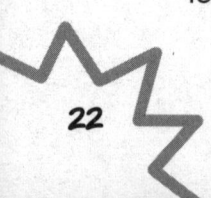

hábitos poco saludables, el consumo de drogas y alcohol y la química cerebral. A menudo es la interacción entre estos factores de riesgo lo que determina si una persona desarrollará un trastorno bipolar. Por ejemplo, si el trastorno bipolar se da en la familia de una persona, esta vive en un entorno estresante y consume drogas y alcohol, puede ser más probable que experimente síntomas.

En el trastorno bipolar, los periodos de manía y depresión suelen durar semanas o incluso meses. Cuando alguien experimenta cuatro o más de estos episodios en un mismo año, se habla de *ciclo rápido*. También es posible experimentar manía y depresión al mismo tiempo. Esto se llama *episodio mixto*.

El diagnóstico de trastorno bipolar puede dar miedo, pero se puede tratar y la recuperación es posible. Con una combinación de terapia, cambios en el estilo de vida, apoyo y/o medicación, puedes vivir una vida plena y gratificante. Hay muchas personas que viven con trastorno bipolar que son exitosas y han hecho grandes contribuciones al mundo.

Trastornos de ansiedad

Ansiedad es lo que sientes cuando algo te preocupa. Hay un componente físico y otro mental. El cuerpo se tensa y la mente se fija en lo que te preocupa. Puede ser difícil concentrarte en otra cosa. La ansiedad también puede afectar el apetito y dificultar el sueño.

Es normal experimentar ansiedad ocasionalmente. Un poco de ansiedad puede ser útil. Por ejemplo, si estás ansioso por un próximo examen o una tarea laboral, esto puede motivarte a estudiar, concentrarte en la tarea y sentirte más preparado. Pero la ansiedad puede descontrolarse. Si estás tan ansioso que no puedes concentrarte, la ansiedad ya no es útil. ¿Y si te preocupan cosas que no es probable que ocurran o cosas que escapan a tu control? Eso sí que puede afectar tu calidad de vida.

LA ANSIEDAD SE SIENTE COMO...

¿CÓMO SÉ SI TENGO UN TRASTORNO DE ANSIEDAD O SOLO ESTRÉS?

Si tienes estas preocupaciones, no estás solo. Los trastornos de ansiedad son frecuentes y se pueden manejar.

SÍNTOMAS DE UN TRASTORNO DE ANSIEDAD

La experiencia de cada persona con la ansiedad es diferente, pero en general los síntomas causan graves problemas en la vida. La dificultad para concentrarte es frecuente y puede dificultar tu rendimiento escolar o laboral. Muchas personas toman medidas extremas para evitar situaciones que puedan desencadenar su ansiedad. Pueden aislarse de los demás, evitar los espacios públicos o cambiar sus rutinas diarias para evitar algo que les produce ansiedad.

Los síntomas comunes de los trastornos de ansiedad incluyen:

* Sensación de inquietud e irritabilidad.
* Dificultad de concentración.

* Dolor, tensión o molestias musculares.
* Dificultad para conciliar el sueño o para permanecer dormido.
* Sensación de agotamiento incluso después de una noche completa de sueño.
* Evitar por todos los medios las situaciones que te provocan ansiedad.
* Pensamientos intrusivos (pensamientos no deseados o preocupaciones que no desaparecen).
* Ataques de pánico (consulta la página 32).

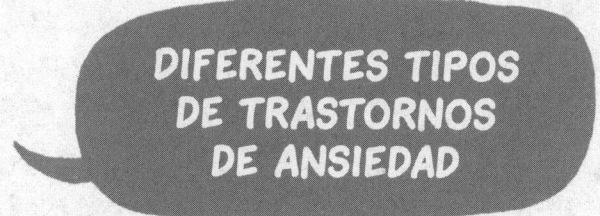

DIFERENTES TIPOS DE TRASTORNOS DE ANSIEDAD

TRASTORNO DE ANSIEDAD GENERALIZADA

Es el trastorno de ansiedad más común y en el que probablemente piensa la mayoría de la gente cuando escucha el término «trastorno de ansiedad». Las personas con trastorno de ansiedad generalizada tienden a sentirse asustadas, angustiadas e inquietas sin motivo aparente o de forma no proporcional a sus circunstancias. Su preocupación excesiva dura al menos seis meses y está centrada

EL TRASTORNO DE ANSIEDAD GENERALIZADA SE SIENTE COMO...

«EL MOMENTO EN QUE LA MONTAÑA RUSA SE DETIENE, JUSTO ANTES DE LA CAÍDA...

PERO TODO EL TIEMPO».

en una serie de acontecimientos o actividades diferentes (como tomar exámenes y tener que hablar de uno mismo en una entrevista de trabajo).

TRASTORNO DE ANSIEDAD SOCIAL

Se trata de otro trastorno de ansiedad frecuente y se caracteriza por un miedo o ansiedad extrema en entornos sociales. Es algo más que ser tímido o introvertido. En el trastorno de ansiedad social, existe un miedo intenso a las situaciones sociales en las que puedes hacer o decir algo incorrecto y quedar expuesto al juicio o la crítica de los demás. Solo el hecho de pensar en ir a una fiesta o incluso mantener una conversación cara a cara con una persona nueva puede provocar un aumento del ritmo cardíaco, sudoración y pensamientos acelerados.

Es habitual que las personas con ansiedad social se aíslen y se sientan muy solas, lo que dificulta su recuperación. Aunque a la mayoría de las personas les preocupa la aceptación y la vergüenza, la ansiedad y el temor extremos que acompañan al trastorno de ansiedad social son tan abrumadores que a una persona puede resultarle difícil desenvolverse en la vida cotidiana. Debido a ello, puede que evite por completo las situaciones que le provocan ansiedad.

EL TRASTORNO DE ANSIEDAD SOCIAL SE SIENTE COMO...

«TODO EL MUNDO ME OBSERVA Y ESPERA QUE FRACASE».

FOBIAS

Se habla de fobia cuando una persona siente mucho miedo o ansiedad ante una situación específica. Aunque es normal tener miedo a las serpientes, las arañas o los payasos, cuando se trata de una fobia, la reacción es desproporcionada con respecto a la situación real. Es tan angustiante que puedes hacer todo lo posible por evitar la situación. Otras fobias comunes son el miedo a las alturas, a los espacios abiertos o abarrotados y a la sangre o las agujas.

TRASTORNO DE PÁNICO

Las personas con trastorno de pánico experimentan ataques de pánico, que son periodos de miedo y malestar intensos. Los síntomas varían de una persona a otra, pero suelen consistir en dificultad para respirar, sensación de desmayo o incluso de muerte y sensación de no percibir el entorno. La gente suele pensar que está sufriendo un infarto. Los ataques de pánico pueden ser aterradores, hasta el punto de que la persona que los sufre llega a temer sufrir otro.

Lo importante es recordar que los ataques de pánico no

suelen durar más de diez minutos, no son potencialmente mortales y pueden tratarse. Durante un ataque de pánico, tu cuerpo está en modo «lucha o huida», reaccionando ante una amenaza que no existe o que no necesita una reacción tan extrema. Puede ocurrir inesperadamente, incluso cuando te sientes a gusto. Si tienes ataques de pánico, puedes aprender y practicar algunas habilidades, como la autoconversación (consulta la página 127) y la respiración profunda.

EL TRASTORNO DE PÁNICO SE SIENTE COMO...

"HAY UN ELEFANTE SENTADO EN MI PECHO".

TRASTORNO OBSESIVO-COMPULSIVO

El trastorno obsesivo-compulsivo, o TOC, es cuando una persona tiene pensamientos y comportamientos repetidos y no deseados, como sentir la necesidad de lavarse excesivamente las manos o comprobar repetidamente las cerraduras. Si te gusta que todo esté limpio y ordenado, no eres «tan TOC» (y a las personas con TOC les gustaría que se dejara de decir eso). El TOC se caracteriza por obsesiones y/o compulsiones. Se trata de pensamientos y comportamientos intrusivos muy graves que perturban tu vida.

EL TOC SE SIENTE COMO...

«UNA BATALLA DIARIA CON MI PROPIO CEREBRO».

TRASTORNO POR DÉFICIT DE ATENCIÓN CON HIPERACTIVIDAD (TDAH)

El TDAH (o ADHD, por sus siglas en inglés) es una de las condiciones de salud mental más frecuentes entre los niños, adolescentes y jóvenes. Existen tres tipos de TDAH: desatento, hiperactivo (o impulsivo) y combinado. Suele detectarse por primera vez en la escuela, pero puede diagnosticarse en la universidad y en la edad adulta. Para recibir un diagnóstico de TDAH, debes mostrar síntomas en al menos dos entornos, como el hogar y la escuela, y los síntomas deben estar presentes durante al menos seis meses. Los especialistas han acordado que debe haber al menos seis síntomas de las siguientes listas para un diagnóstico preciso.

COMPORTAMIENTO DESATENTO

Los síntomas incluyen:

* Dificultad para seguir instrucciones.
* Dificultad para concentrarte en las tareas.
* Perder cosas en la escuela y en casa.

* Olvido.
* Problemas para seguir el horario y las tareas escolares.
* Distraerte con facilidad o tener dificultades para escuchar.
* Falta de atención a los detalles, desorganización o cometer errores por descuido.
* No completar las actividades o las tareas.

COMPORTAMIENTO HIPERACTIVO

Los síntomas incluyen:

* Estar siempre en movimiento.
* Jugar con las manos.
* Hablar en exceso.
* Interrumpir.
* Comportamiento que asume riesgos.
* Frustración cuando te piden que te quedes sentado.

Muchos niños, adolescentes y jóvenes tienen algunos síntomas, pero no los suficientes para un diagnóstico. Que tengas mucha energía o te cueste prestar atención en la escuela no significa que tengas TDAH. Un diagnóstico preciso se basa en la presencia de una serie de síntomas y dificultades que te impiden rendir a un nivel adecuado para tu edad e inteligencia.

EL TDAH SE SIENTE COMO...

«HAY DEMASIADAS PESTAÑAS ABIERTAS EN MI CABEZA».

Trauma y trastorno de estrés postraumático

A menudo pensamos en el trauma y el TEPT (trastorno de estrés postraumático o PTSD, por sus siglas en inglés) como algo que experimentan los veteranos de guerra, pero puede ocurrirle a cualquiera. Si has visto o experimentado algo que realmente te ha impactado o asustado o que ha amenazado tu sensación de seguridad, es posible que estés sufriendo un trauma. Cualquier cosa que te resulte muy estresante puede ser traumática.

Los traumas son diferentes para cada persona. Puede tratarse de un acontecimiento puntual o continuado, como la discriminación o el abandono en la infancia. Lo que parece normal para otra persona puede ser traumático para ti. Una experiencia traumática puede ser una amenaza a tu seguridad física, como un accidente de automóvil o un episodio de agresión física. También podría ser algo emocional o social, como el acoso virtual. Los traumas relacionados con la escuela (como el acoso o los castigos injustos) a menudo conducen a evitar la escuela, ya que la idea de ir a la escuela te produce ansiedad y miedo.

Los estudiantes BIPOC (por su sigla en inglés; se refiere a personas negras, indígenas y de color) son vulnerables al trauma racial debido a que viven en un sistema de supremacía blanca. La discriminación y la violencia por motivos de raza han sido cubiertos de manera destacada en los medios de comunicación, lo que puede alterar y volver a traumatizar a los estudiantes con identidades marginadas.

¿CÓMO ES PASAR POR UN TRAUMA?

La mayoría de las personas sienten ansiedad y miedo durante y después de un evento traumático. Algunos desarrollan síntomas a largo plazo que afectan su funcionamiento cotidiano. El trauma puede producirse a cualquier edad, pero tiene un impacto especialmente duradero cuando ocurre en la infancia o la adolescencia, cuando el cerebro aún se está desarrollando rápidamente.

Todos respondemos a las situaciones y sentimientos de forma diferente, entonces no todos los que compartan una experiencia contigo tendrán la misma reacción. No hay una forma «correcta» o «incorrecta» de pensar, sentir o actuar después de sufrir un evento traumático. Pero es posible que experimentes algunos de estos síntomas:

Síntomas emocionales comunes del trauma:

* Miedo, ansiedad.
* Conmoción, incredulidad.
* Confusión, dificultad para concentrarte.
* Ira o irritabilidad.
* Culpa, vergüenza.
* Aislamiento de los pares.
* Tristeza, desesperanza.
* Sentirte desconectado o insensible.
* Sentir que todo está fuera de tu control.

Síntomas físicos comunes:

* Respuesta de sobresalto exagerada.
* Problemas para dormir, pesadillas.
* Fatiga, agotamiento.
* Mareos, temblores.
* Corazón acelerado, respiración rápida.
* Sentirte nervioso.
* Dolores corporales, tensión muscular.
* Dolores de cabeza o de estómago frecuentes.
* Aumento del consumo de sustancias y otros comportamientos de riesgo.

EL TEPT SE SIENTE COMO...

«UNA CUERDA FLOJA SIN FIN ENTRE LA LUCHA Y LA HUIDA».

¿CUÁNTO TIEMPO DURAN LOS EFECTOS DEL TRAUMA?

Los síntomas del trauma suelen durar desde unos días hasta unos meses. Tal vez no te sientas como siempre durante un tiempo. En muchos casos, los síntomas irán desapareciendo gradualmente a medida que pase el tiempo y asimiles lo ocurrido. Una vez que te sientas mejor, puede que los recuerdos o las emociones dolorosas resurjan de vez en cuando, sobre todo en respuesta a aniversarios de acontecimientos u otras cosas que te hagan recordar el trauma. Las cosas que traen recuerdos o síntomas del trauma se denominan desencadenantes.

¿ME SENTIRÉ MEJOR ALGÚN DÍA?

Ten paciencia contigo mismo. Los traumas son difíciles de superar, pero eso no significa que nunca volverás a estar bien. Hay muchas formas de que las personas que han sufrido un trauma puedan afrontar sus síntomas y mejorar su calidad de vida. Muchas personas que han sufrido traumas viven una vida plena con la ayuda de un sistema de apoyo, terapia, cambios en el estilo de vida y/o medicamentos.

Algunas personas experimentan eventos traumáticos sin desarrollar una condición de salud mental. El nivel de apoyo que una persona recibe durante y después de un evento traumático puede influir en cómo lo afronta y en la probabilidad de que desarrolle una condición de salud mental o no. Si una persona carece de apoyo o el trauma es inusualmente intenso —o tal vez no es demasiado intenso, pero se prolonga en el tiempo— esta puede desarrollar síntomas graves que causen mucho dolor emocional y dificulten su funcionamiento. Si desarrollas un número suficiente de estos síntomas, podrías padecer lo que se denomina trastorno de estrés postraumático (TEPT). Veamos qué significa exactamente.

Los signos reveladores del TEPT:

* Pensar repetidamente en el trauma. Es posible que tengas pensamientos sobre el trauma incluso cuando no lo deseas. También puedes tener pesadillas o recuerdos recurrentes.
* Estar constantemente alerta o en guardia. Puedes asustarte o enfadarte con facilidad, estar irritable o ansioso y preocupado por mantenerte a salvo. Puedes volverte hiperconsciente de tu entorno y ver peligro en todas partes.
* Evitar los recuerdos del trauma. Es posible que no quieras hablar del evento ni estar cerca de personas o lugares que

te lo recuerden. Incluso puedes olvidar detalles del evento o reprimir tus recuerdos.

✳ Emociones y creencias negativas intensas. Puedes sentirte deprimido, ansioso, culpable o enfadado. Puedes culparte por el trauma o creer que no se puede confiar en nadie y que el mundo es un lugar peligroso.

Otros síntomas pueden ser:

✳ Sentirte emocionalmente adormecido.
✳ Problemas de concentración o para dormir.
✳ Pérdida de interés en actividades que normalmente disfrutas.
✳ Problemas de relación, problemas de intimidad o distanciamiento de la familia y los amigos.
✳ Síntomas físicos como dolor crónico, dolores de cabeza, dolor de estómago, diarrea o estreñimiento, opresión o ardor en el pecho, calambres musculares o dolor lumbar.
✳ Ataques de pánico: sensación repentina de miedo intenso (que puede parecer totalmente ajeno al suceso), con dificultad para respirar, mareos, sudoración, náuseas y ritmo cardiaco acelerado.
✳ Problemas de consumo de sustancias, como el consumo de drogas o alcohol, para afrontar u olvidar el dolor emocional.
✳ Otras condiciones de salud mental como ansiedad, depresión o pensamientos suicidas.

Trastornos alimentarios

LOS TRASTORNOS DE LA ALIMENTACIÓN SE SIENTEN COMO...

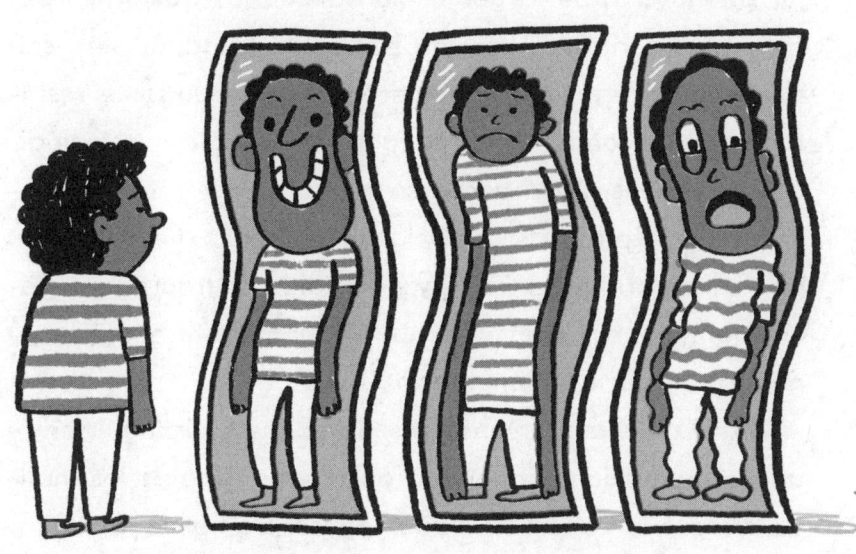

«ESTOY EN UN SALÓN DE ESPEJOS Y NO SÉ CUÁL ES MI "VERDADERO" YO».

Los trastornos alimentarios son condiciones de salud mental que implican comportamientos poco saludables, obsesiones y compulsiones en torno a la comida, el ejercicio y/o la forma del cuerpo. Afectan a personas de todas las edades, razas, orígenes, estatus socioeconómico, religiones, géneros y orientaciones sexuales. Son las más letales de todas las condiciones de salud mental y pueden tener consecuencias graves, como daños óseos, caída del cabello, pérdida muscular, rotura del estómago y diabetes.

La mayoría de la gente piensa que los trastornos alimentarios son una obsesión por estar delgado, pero son mucho más complicados que eso y se cree que son el resultado de una combinación de factores biológicos, psicológicos y sociales. Muchas personas con trastornos alimentarios padecen otras condiciones de salud mental, como depresión, ansiedad, TEPT y adicción. Los traumas, especialmente los sexuales, son muy frecuentes entre las personas con trastornos alimentarios.

Para muchas personas resulta confuso distinguir entre una alimentación sana y una poco sana. Uno de los motivos es que la cultura estadounidense promueve las dietas excesivas. Muchas personas con trastornos alimentarios se resisten a buscar ayuda porque creen que "no están lo suficientemente enfermas". Pero el tratamiento temprano es importante, entonces acuérdate: no hay un peso corporal específico ni un nivel de gravedad que debes alcanzar para recibir ayuda o apoyo.

Aunque los trastornos alimentarios son complicados, la gente se recupera de ellos. Cuanto antes recibas ayuda, mejor, tanto para la recuperación psicológica como física. Con servicios y apoyo que pueden incluir un terapeuta, un nutricionista, un psiquiatra, pares, grupos de apoyo y/o un médico de atención primaria, las personas pueden tener y llegan a lograr relaciones sanas con la comida y el ejercicio.

Los tipos más comunes de trastornos alimentarios son:

✳ **ANOREXIA.** La anorexia consiste en la restricción de la ingesta de alimentos, la pérdida significativa de peso, el miedo intenso a engordar y una percepción distorsionada del cuerpo. Una persona con anorexia suele tener normas y rituales muy específicos en torno a la comida y tiende a aislarse socialmente.

✳ **TRASTORNO POR ATRACÓN.** El trastorno por atracón se produce cuando una persona ingiere de manera repetida cantidades anormalmente grandes de alimentos en periodos cortos de tiempo. Se diferencia de comer en exceso en que causa mucho dolor y vergüenza, y la persona suele sentirse fuera de control.

✳ **BULIMIA.** La bulimia implica tanto atracones como purgas. La purga consiste en vomitar o consumir laxantes o medicamentos para eliminar los alimentos ingeridos, ayunar o hacer ejercicio en exceso.

* TRASTORNO POR EVITACIÓN/RESTRICCIÓN DE LA INGESTA DE ALIMENTOS (ARFID, por su sigla en inglés). **El ARFID se produce cuando una persona limita la cantidad y/o los tipos de alimentos que consume; pero, a diferencia de la anorexia, no se debe a la angustia por la forma, el tamaño o el peso corporal.**

* OTRO TRASTORNO ESPECÍFICO DE LA ALIMENTACIÓN O DE LA CONDUCTA ALIMENTARIA (OSFED, por su sigla en inglés). **Este es el término que se utiliza cuando alguien tiene conductas de trastorno alimentario que no cumplen los lineamientos de otros trastornos alimentarios. Por ejemplo, una persona restringe la ingesta de alimentos, tiene un miedo intenso a engordar y una percepción distorsionada de su aspecto, pero no ha adelgazado lo suficiente como para que su médico lo clasifique como baja de peso, lo que significa que no cumple todos los criterios de la anorexia a pesar de tener todos los demás signos.**

¿POR QUÉ ES TAN DIFÍCIL RECUPERARSE?

Los trastornos alimentarios suelen desarrollarse lentamente. Es posible que no te des cuenta de lo que está ocurriendo hasta que tengas graves dificultades físicas, emocionales y psicológicas. Es posible que las personas a tu alrededor tampoco lo noten. Algunos incluso pueden

felicitarte por comer más sano o perder peso, lo que envía un mensaje muy confuso.

Otra razón por la que la recuperación es tan difícil es que las personas que te rodean pueden desestimar tus problemas, especialmente cuando no tienes el aspecto que la gente cree que *deben* tener los que sufren de trastornos alimentarios. Puede que incluso tú mismo los descartes. Esto puede dificultar el pedido de ayuda o la permanencia en el tratamiento. Recuerda: no es necesario tener un aspecto determinado para recibir ayuda y apoyo.

Por último, no todos los profesionales de la salud mental entenderán por lo que estás pasando.

Es importante encontrar el equipo adecuado, como un psiquiatra, un psicólogo, un nutricionista y una red de apoyo de amigos y familiares, que te ayuden a centrarte en cómo recuperarte y mantenerte bien.

Psicosis

LA PSICOSIS SE SIENTE COMO...

«TUVE UN TRASPLANTE DE CEREBRO Y NADIE ME LO DIJO».

La psicosis es un síntoma, no un tipo específico de condición mental. La gente suele pensar que es un síntoma de la esquizofrenia, pero también puede aparecer en el trastorno bipolar durante un episodio maníaco o en otras circunstancias. Incluso existe la depresión psicótica. Algunos medicamentos o drogas recreativas también pueden desencadenar la psicosis, al igual que el estrés extremo o pasar mucho tiempo sin dormir.

La psicosis se produce cuando una persona pierde el contacto con la realidad. Se hace difícil saber qué es real y qué no lo es. Los síntomas pueden ser leves o extremos, y la psicosis puede manifestarse de muchas formas diferentes:

Pensamientos:

* Creer que te observan o que otras personas pueden leer tu mente.
* Paranoia o miedos extraños que no desaparecen.
* Sensación de que las cosas no son reales o no están del todo bien.
* Dificultad para concentrarte y recordar cosas.
* Sentirte desconectado o insensible ante situaciones importantes.
* Miedo extremo sin motivo aparente.

Percepciones:

✳ Oir sonidos o voces que los demás no oyen.

✳ Ver sombras fantasmales o líneas onduladas.

✳ Disminución repentina del sentido del olfato.

✳ Volverse muy sensible a la luz, el sonido o el tacto.

Conductas:

✳ Descuidar la higiene personal.

✳ Hablar o escribir de forma absurda o extraña.

✳ Alejamiento de la familia y los amigos.

✳ Ira o miedo hacia los seres queridos.

✳ Cambios en el sueño, incluida la inversión: dormir durante el día y permanecer despierto por la noche.

✳ Cambios en el apetito.

✳ Incapacidad repentina para funcionar en la escuela o el trabajo.

✳ Comportamientos extraños o que no parecen «propios de ti».

La psicosis tiende a empeorar con el tiempo, por lo que es importante empezar a buscar tratamiento lo antes posible. Experimentar una psicosis puede ser aterrador y confuso, y es posible que los amigos y la familia no sepan qué hacer. La buena noticia es que la recuperación es posible. Ya sea tras una única experiencia o cuando los síntomas se presentan a lo largo de toda la vida, una persona que experimenta psicosis puede vivir plena y significativamente y contribuir a su comunidad. Sin embargo, es importante buscar ayuda lo antes posible.

Signos y síntomas que no debes ignorar:

* Pensamientos o planes de hacerte daño o suicidarte, o de matar a otra persona.
* Escuchar voces o ver cosas que ninguna otra persona puede escuchar o ver.
* Cambios inexplicables en el pensamiento, el habla o la escritura.
* Sentirte extremadamente desconfiado o temeroso.
* Un grave descenso del rendimiento escolar.
* Cambios repentinos en la personalidad que son extraños o fuera de tu personalidad.

Evaluación de salud mental

La prueba de salud mental en línea es una de las formas más rápidas y sencillas de determinar si experimentas síntomas de una condición de salud mental. Este cuestionario, validado científicamente, puede utilizarse para ver si tienes dificultades emocionales, de atención o de comportamiento.

Estos resultados no son un diagnóstico. Puedes reunirte con un médico o terapeuta para obtener un diagnóstico y/o acceder a terapia o medicamentos. Compartir estos resultados con alguien de confianza puede ser un buen punto de partida. Y si estás interesado en realizar esta prueba de salud mental u otras pruebas en línea, visita screening. mhanational.org/la-salud-mental-informacion-y-recursos/ para acceder a más información y recursos.

Marca la frecuencia con la que haces lo siguiente:

	NUNCA	A VECES	A MENUDO
1. Quejarte de dolores o molestias			
2. Pasar más tiempo a solas			
3. Cansarte fácilmente, tener poca energía			
4. Inquieto, incapaz de quedarte quieto			
5. Problemas con los maestros			
6. Menos interés en la escuela			
7. Actuar como si estuvieras impulsado por un motor			
8. Soñar despierto demasiado tiempo			
9. Distraerte fácilmente			
10. Temor a las situaciones nuevas			
11. Sentirte triste, infeliz			

	NUNCA	A VECES	A MENUDO
12. Estar irritable, enfadado			
13. Sentirte desesperanzado			
14. Tener problemas de concentración			
15. Menos interés en los amigos			
16. Pelearte con otros niños			
17. Ausentarte de la escuela			
18. Descenso de las calificaciones escolares			
19. Abatido			
20. Visitar al médico, sin encontrar nada malo			
21. Tener problemas para dormir			
22. Preocuparte mucho			
23. Desear estar con tus padres más que antes			

	NUNCA	A VECES	A MENUDO
24. Sentir que eres malo			
25. Asumir riesgos innecesarios			
26. Lesionarte con frecuencia			
27. Parecer divertirte menos			
28. Actuar como un niño de menor edad que tus pares			
29. No hacer caso a las normas			
30. No mostrar sentimientos			
31. No comprender los sentimientos de los demás			
32. Burlarte de los demás			
33. Culpar a los demás de tus problemas			
34. Tomar cosas que no te pertenecen			
35. Negarte a compartir			

Puntuación:

✳ NUNCA = 0, A VECES = 1 y A MENUDO = 2

✳ La puntuación total se calcula sumando la puntuación de cada uno de los 35 ítems.

✳ Para las personas de 6 a 16 años, una puntuación de 28 o más indica deterioro psicológico. Los elementos que se dejan en blanco simplemente se ignoran (es decir, la puntuación es igual a 0). Si se dejan en blanco cuatro o más puntos, el cuestionario se considera inválido.

✳ Una puntuación de 28 o más sugiere la necesidad de una evaluación adicional por parte de un profesional médico o de salud mental calificado.

PARTE DOS

HABLANDO DE LA SALUD MENTAL

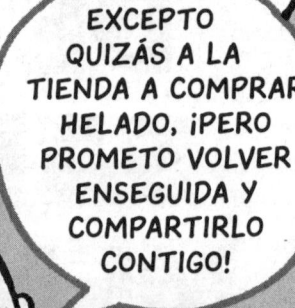

Digamos que te has sentido deprimido o ansioso. No has dormido bien, y te cuesta más concentrarte en la escuela y hacer tu trabajo. Esto lleva unas semanas y la gente empieza a darse cuenta. Has pensado en hablar con alguien, pero te da demasiado miedo. ¿Y si te abres con ellos y te miran de otra manera? ¿Y si no te entienden o, peor aún, dicen algo hiriente o crítico?

Ahora imagina el mismo escenario, pero le pides a una persona de confianza que te conceda una hora sin interrupciones para poder hablar. Puede ser uno de tus padres, un hermano, un amigo u otra persona que te haga sentir seguro y sepa escuchar. Le cuentas a esa persona por lo que has estado pasando. Y, tras escuchar atentamente y hacer algunas preguntas, la persona te dice:

> Me alegra que hayas confiado en mí. Gracias por decírmelo.

> Deseo ayudar. ¿En qué puedo ayudarte?

> Siento que hayas pasado por esto solo. Debió de ser duro. Pero ahora ya no tienes que soportarlo solo.

Sería muy tranquilizador escuchar estas palabras, ¿verdad? Sin embargo, muchos de nosotros sufrimos nuestros problemas en soledad, normalmente por miedo y vergüenza. Pero te sorprenderías al saber cuántas personas conoces que también han sufrido —o sufren— depresión, ansiedad, problemas de atención, trastornos alimentarios, traumas y otros problemas de salud mental. Y si no se han enfrentado a esto ellos mismos, alguien de su familia o de su círculo de amigos lo ha hecho. Aunque no todo el mundo lo entenderá, mucha gente sí.

Sea cual sea el camino que elijas, es importante que busques ayuda. Tanto de alguien que ya conoces o un profesional, como un terapeuta, un grupo de apoyo, una línea de mensajes de texto, una línea de ayuda o una línea de apoyo de pares. Dar a conocer tu problema y reconocer cómo te sientes es un primer paso enorme. (Encontrarás más información sobre estos recursos en la Parte tres y en la sección Recursos).

Si te preocupa qué decir, este libro puede ayudarte a preparar esta conversación. Encontrar el lenguaje adecuado para describir tu experiencia puede marcar la diferencia. Recuerda que no tienes que decírselo a todos los que forman parte de tu vida, pero es muy importante que se lo digas a alguien. No tienes por qué enfrentar esto a solas.

Y si te preocupan las reacciones de los demás, ten en

cuenta que los comentarios hirientes suelen deberse a que alguien está mal informado y tiene miedo. Las imágenes negativas de los medios de comunicación y una cultura popular que no respeta a las personas con condiciones de salud mental empeoran la situación. Una solución es aprender a hablar de la salud mental. Es natural evitar las conversaciones difíciles, pero entablarlas —por difícil que sea— puede conducir a una mayor comprensión y autoestima, y a menos sufrimiento.

Preparándote para hablar con otras personas sobre la salud mental

LOS PROBLEMAS DE SALUD MENTAL SE SIENTEN COMO...

PST

«UNA CRIATURA SINIESTRA QUE NO ME DEJA EN PAZ».

Lo más probable es que estés leyendo este libro porque ya sabes que necesitas hablar con alguien y buscar ayuda. Pero las dudas son frecuentes. De hecho, son bastante normales. Si lo has pensado y aún no estás seguro, aquí encontrarás algunas razones para buscar a alguien:

* Tus pensamientos o acciones parecen no estar en sintonía con lo que piensan y cómo se comportan los demás.
* Tus pensamientos, sentimientos o comportamientos están empezando a afectar tu vida en casa, en la escuela o con tus amigos.
* Has tenido algunos de estos signos y síntomas durante más de una semana:
  o Sentirte triste, vacío o desesperanzado.
  o Sentirte extremadamente preocupado.
  o Irritabilidad o intranquilidad.
  o No poder hacer las tareas escolares.
  o Pérdida de apetito o comer demasiado.
  o Problemas con la concentración, la memoria o el pensamiento.
  o Pérdida de interés por las cosas que solías disfrutar.
  o Alejamiento de los demás.
  o Sentirte mal o inútil.

o Cambios en los patrones de sueño o en los niveles de energía.

o Pensar en hacerte daño o suicidarte.

o Sensibilidad al sonido, la vista, el olfato o el tacto.

o Sentir que el cerebro te está engañando.

¿CON QUIÉN DEBO HABLAR?

Dedica un momento para pensar con quién te sentirías cómodo al hablar de tu salud mental. Alguien en quien confíes. Alguien que te escuche y te ayude a planificar tus próximos pasos. Alguien que no difundirá rumores ni chismes después de la conversación. Pensar en lo que necesitas de esa persona puede ayudarte a decidir a quién acudir. ¿Necesitas a alguien que te aconseje o a alguien que simplemente te escuche y esté ahí? Tal vez sea alguien con quien puedas llorar. Aunque puede ser un familiar (padres, abuelos, tíos, hermanos) enfermera, orientador o trabajador social, o alguien en tu congregación (rabino, pastor, imán, líder de grupo juvenil) o comunidad (entrenador, vecino).

Lo ideal es que la persona sea amable y sepa escuchar. Te sorprenderás al saber cuánta gente está dispuesta a escuchar y quiere entender. Habrá algunos que simplemente

no lo entenderán, y no es tarea tuya hacer que lo entiendan; sigue intentando encontrar el sistema de apoyo adecuado para ti: alguien que te escuche con franqueza y te ayude a sentirte menos solo, menos aislado.

Si no se te ocurre nadie con quien hablar, prueba con un desconocido: hay muchas líneas de ayuda, líneas de apoyo de pares, líneas de mensajes de texto y grupos de apoyo en línea gestionados por voluntarios o empleados capacitados cuyo trabajo consiste en escuchar a quienes se ponen en contacto con ellos (consulta la sección Recursos al final del libro). Hablar con un desconocido puede ayudarte a sentirte más seguro sobre lo que compartas, y los desconocidos pueden ofrecer opiniones más objetivas que las personas involucradas en tu vida.

Aquí tienes una lista de algunas de las personas con las que podrías hablar. Anota aquí las ideas y empieza por quien te resulte más cómodo en este momento. Siempre puedes abrirte a más gente más adelante.

* Padre, madre o tutor
* Amigo/a
* Hermano/a
* Maestro/a
* Médico o terapeuta
* Entrenador o líder de un club

* Tío/a
* Enfermero escolar, trabajador social o psicólogo escolar
* Asesor de orientación de la escuela
* Vecino/a
* Primo/a
* Abuelo/a
* Líder de grupo juvenil
* Líder religioso
* El padre o la madre de un amigo
* Grupo de apoyo
* Línea de ayuda anónima

¿QUÉ DEBO ESPERAR AL INICIAR LA CONVERSACIÓN?

Has tomado la decisión de hablar con alguien sobre tu salud mental, e incluso sabes con quién. ¿Y ahora qué? Probablemente estés nervioso por cómo irán las cosas. Puede que la persona no lo entienda o no sepa qué hacer. Tal vez te emocionas y te cuesta hablar. No pasa nada. No tiene por qué ser perfecto, y si esto te preocupa mucho, puedes intentar escribir primero tus pensamientos. Esto puede ayudarte a ordenar tus palabras para que sepas cómo expresarte. Incluso puedes escribir una carta a la persona, un mensaje de texto largo o una serie mensajes de texto. Si no estás seguro de cómo escribir una carta o qué poner en ella, utiliza el ejemplo que figura al final de este capítulo. Solo tienes que completar los espacios en blanco.

A continuación, encontrarás algunas experiencias típicas de la primera conversación que puedes anticipar:

INTERRUPCIONES

Es un hecho: la gente interrumpe. Los teléfonos suenan y vibran. La capacidad de atención es corta. Hay algunas cosas que puedes hacer para preparar el terreno para una buena conversación que minimice este riesgo. En primer lugar, asegúrate de que sea el momento adecuado para hablar. De este modo, tanto tú como la persona con la que estés hablando tendrán tiempo libre y ninguno de los dos tendrá que interrumpir la conversación para consultar el teléfono o atender otras obligaciones. Planea reservar al menos de 30 minutos a una hora. En segundo lugar, puedes dar un buen ejemplo a la otra persona silenciando tu teléfono y guardándolo, o al menos apagando la pantalla. En tercer lugar, puedes establecer una expectativa empezando con algo como: "Gracias por hablar conmigo ahora y prestarme tu atención. Te lo agradezco mucho".

INCOMODIDAD

Hablar seriamente de tu salud mental puede resultar un poco incómodo al principio. Para mucha gente, hablar de cualquier cosa relacionada con su salud o su cuerpo puede ser algo difícil. Hablar de emociones y relaciones puede ser aún más difícil. Espera cierta incomodidad y silencios. No pasa nada. Acéptalo —quizá incluso menciónalo— y sigue adelante.

ALIVIO

En algún momento de la conversación, probablemente te sentirás aliviado. Si has estado guardando algo de ti durante mucho tiempo, compartirlo puede ser como quitarte un peso de encima. Y no es raro enterarte de que la persona con la que hablas ha tenido alguna experiencia similar o conoce a alguien de su familia que ha pasado por algo parecido, lo que aumentará tu alivio y te ayudará a sentirte menos solo.

PREGUNTAS

Debes esperar que la persona con la que estás hablando tenga preguntas. Podría preguntar: «¿Desde cuándo ocurre

esto?». «¿Cambió algo o sucedió algo difícil antes de que empezaras a sentirte así?». «¿Puedes describir lo que se siente?». No tienes que contestar si no lo deseas. Recuerda que esa persona está intentando comprender mejor por lo que estás pasando. Si crees que va en la dirección equivocada, imagina la pregunta que te gustaría que te hicieran, ¡y contéstala!

ALGUIEN QUE NO ENTIENDE

Aunque te hayas esforzado por elegir a la mejor persona con la que hablar, puede que esa persona no responda con comprensión y amabilidad. Debes estar preparado para esa posibilidad; a veces ocurre. Te armas de valor para compartirlo y te dicen algo desalentador o invalidante como «es solo una fase«, «se pasará», «deja de bromear» o «te preocupas demasiado». Esto suele tener más que ver con las expectativas, la comodidad y la conciencia cultural de la otra persona que con sus sentimientos hacia ti. Sin embargo, se siente mal. Intenta explicar cómo tus problemas afectan tu capacidad para llevar una vida sana y feliz. Expresa que estás pasando por un momento difícil y no estás seguro de cómo mejorar las cosas. Si por alguna razón la persona sigue sin entenderte, recuerda que hay otras personas que sí te entenderán. Puedes acudir a un profesional si no encuentras a nadie en tu vida que te entienda. Por favor, no dejes de buscar ayuda y no vuelvas nunca a ignorar tu situación o a enfrentar solo las dificultades.

Hablando con los padres y cuidadores

Hablar con un padre o cuidador sobre la salud mental puede resultar aterrador por varios motivos. Muchos adolescentes temen contárselo a sus cuidadores porque no quieren disgustarlos. Es posible que los cuidadores no comprendan, se muestren desdeñosos o se estresen y enfaden. Una buena pregunta que puedes hacerte es: ¿cómo te sentirías si alguien a quien amas estuviera sufriendo y viniera a ti? Seguramente te molestaría que tuviera problemas, pero no te enfadarías con esta persona. Te alegrarías de que confiara en ti y estarías dispuesto a ayudarla en todo lo que puedas. En cualquier caso, es una conversación importante que debe ocurrir. A continuación, se mencionan algunas de las preocupaciones más comunes que siente la gente ante la idea de hablar con sus padres o cuidadores, y algunos consejos para superarlas.

NO SÉ CÓMO REACCIONARÁN MIS PADRES O CUIDADORES.

Si te preocupa cómo responderán tus cuidadores, una opción es programar una reunión con ambos o con uno a la vez. En lugar de una conversación repentina y potencialmente inesperada, puedes elegir un momento en el que no estén ocupados. Esto les permitirá pensar, anticipar y prepararse. Elige un momento y un lugar en el que te sientas cómodo, y planifica de antemano lo que quieres decir. Puedes planificarlo escribiendo un guion de lo que te gustaría decir. Si una conversación te da demasiado miedo, escribe una carta. Una carta te permite decir exactamente lo que quieres sin la presión de una respuesta inmediata. Además, con una carta no te interrumpirán. Consulta nuestro modelo de carta al final de este capítulo. Recuerda que, aunque te cause miedo o tu familia nunca hable de estas cosas, tienes que hacer lo que sea adecuado PARA TI. Sé sincero sobre lo que estás pasando y sé específico sobre el apoyo que necesitas. Concéntrate en las medidas que te gustaría que tomen tus padres o cuidadores o en las cosas que pueden cambiar.

MIS PADRES O CUIDADORES ESTARÁN TRISTES O DECEPCIONADOS.

A los cuidadores puede resultarles difícil no mostrar que están tristes, disgustados o decepcionados. Puede que estén tristes porque sufres, pero eso no significa que estén enfadados contigo. De hecho, muchos cuidadores se enfadan porque realmente se preocupan por ti. A menudo, se sienten culpables y se preguntan si podrían haber hecho algo distinto para evitar que tuvieras dificultades.

Quizá tus cuidadores tienen grandes expectativas y temes que tus problemas de salud mental sean una decepción. Es importante averiguar si esas expectativas son realmente lo que está pasando por sus mentes. Puede que en realidad no se sientan así. Si tienen estos pensamientos, ¿esas expectativas son razonables o sostenibles? Puede que estas sean preguntas nuevas para tus cuidadores. Y no se necesitan respuestas inmediatas. Habrá tiempo suficiente para que todos los miembros de la familia reflexionen y cambien.

MIS PADRES O CUIDADORES SE ENFADARÁN O NO ME TOMARÁN EN SERIO.

Otra preocupación que puedes tener es que tus cuidadores se enfaden o desestimen tus sentimientos, dos experiencias dolorosas, sobre todo cuando ya sientes dolor. Ante un posible conflicto, es útil planificar una reunión o escribir una carta diciendo muy específicamente que te preocupa el enfado o la desestimación. Explica a tus cuidadores que tienes dificultades y que necesitas más apoyo. Si aun así te desestiman, diles que intentas cuidarte y que te gustaría al menos hablarlo con un profesional. Pueden desestimarlo por miedo, culpa o por sus propios sentimientos sobre el estigma que rodea a los problemas de salud mental. También puedes mostrarles los resultados de la evaluación de salud mental (en el capítulo siguiente).

Si tus cuidadores no quieren o no pueden ayudarte, tal vez tengas que recurrir a otros adultos de confianza, como un maestro favorito, un entrenador, un consejero escolar, otro familiar u otra persona, como el padre o la madre de un amigo. Aunque no tengas a nadie, hay formas de hablar de tu salud mental, y de eso hablaremos pronto. Lo importante es: no dejes de buscar ayuda.

MIS CUIDADORES HARÁN DEMASIADAS PREGUNTAS.

Algunos cuidadores querrán conocer todos los detalles de lo que estás experimentando. Comparte en la medida en que te sientas cómodo. Tal vez no sepas cómo describir tus sentimientos. Tal vez tengas miedo de meterte en problemas por ciertos comportamientos. Tal vez quieras un poco de intimidad cuando hables por primera vez de tus dificultades. Puede ser útil planificar de antemano lo que te resulta cómodo compartir. Puedes decirles a tus cuidadores que te gustaría continuar la conversación con un profesional de la salud mental. Aunque en general no es sano guardarte las cosas, es igual de importante asegurarte de que estás en un espacio seguro cuando empieces a abrirte.

MIS CUIDADORES YA TIENEN BASTANTE DE QUÉ PREOCUPARSE.

Todos los adultos tienen responsabilidades y estrés, pero tu salud y bienestar son importantes y merecen atención, independientemente de lo que les ocurra a tus padres o cuidadores. Si te preocupa estresarlos demasiado, elige un momento para hablar cuando las cosas estén tranquilas. Y si nunca hay un momento tranquilo, habla de todos modos. Cuéntales por lo que estás pasando y recuerda que el trabajo del cuidador es cuidar de ti.

> ## UNO O AMBOS DE MIS PADRES O CUIDADORES SON PARTE DE LA RAZÓN POR LA QUE TENGO DIFICULTADES.

Hay varias opciones para actuar en esta situación. Si confías en un cuidador, explica cómo te sientes y pide que se lo cuente o que no se lo cuente al otro cuidador. A menudo, los cuidadores no están dispuestos a ocultar algo así a su pareja, pero de todas maneras puedes pedirlo. Y si sientes que ambos son parte del problema —o solo tienes un cuidador— acude a otro adulto de confianza o utiliza los recursos de la Parte cuatro: Autoayuda para la salud mental. Las excepciones a esto son si actualmente estás sufriendo abuso físico, abuso sexual, negligencia o pensamientos suicidas. En cualquiera de esos casos, habla de inmediato con un adulto de confianza. Puedes visitar childwelfare.gov/es/encuentre-ayuda-con-una-situacion-personal para obtener más información sobre las definiciones de maltrato y negligencia, cómo presentar una denuncia y qué ocurre después de que presentas una denuncia.

MIS PADRES O CUIDADORES NO ME CREERÁN.

Aunque tus cuidadores te amen y te respeten, es posible que piensen que «estás pasando por una fase» o que descarten la idea de buscar ayuda profesional. Por supuesto, ignorar los problemas porque son desagradables no hace que desaparezcan, y tal vez tengas que pedir específicamente lo que necesitas. Puedes explicar que, aunque escuches lo que dicen, quieres tener la oportunidad de hablar con un profesional de la salud mental. Si no puedes hacerlos cambiar de opinión, tendrás que recurrir a otros adultos. Entre ellos están los maestros, familiares, trabajadores sociales, consejeros y psicólogos de la escuela. Cualquiera de estas personas puede ayudarte a hablar con tus cuidadores o ponerte en contacto con otros recursos. Aunque tus cuidadores no validen tus dificultades, no por ello estas dejan de ser reales o importantes. Si necesitas ayuda profesional, prepara una lista de las razones por las que necesitas esa ayuda. También puedes recurrir a amigos, comunidades en línea y otros recursos de salud mental accesibles, como aplicaciones y sitios web de educación en línea.

HOJA DE EJERCICIOS

PREPARÁNDOTE PARA COMPARTIR

Cuando necesitas tener una conversación sobre temas difíciles, es importante planificarla con anticipación para que no te tomen desprevenido y no pierdas tu capacidad de expresarte de la manera que deseas. Utiliza esta hoja de ejercicios para prepararte para compartir.

1. ¿Con quién quieres compartir el tema?_____

_____

_____

_____

_____

_____

_____

_____

_____

2. ¿Qué quieres compartir? (Utiliza las páginas adicionales que necesites para escribir todo lo que quieras compartir. Este será tu guion cuando llegue el momento de tener la conversación). _____

_____

_____

_____

_____

_____

_____

_____

_____

3. ¿Cuál es la mejor respuesta que podrías escuchar después de compartir? _____

_____

_____

_____

_____

_____

_____

_____

4. ¿Cuál es la peor respuesta que podrías escuchar? ¿Qué dirían o cómo reaccionarían para que te sientas peor que ahora?_____

_____

_____

_____

_____

_____

_____

5. ¿Qué necesitas de esta persona para sentirte mejor? Sé lo más claro y concreto posible. (Ejemplo: «Necesito que me escuches y no me interrumpas». «Necesito que me llames una vez a la semana para ver cómo estoy». «Necesito que me ayudes a hablar con mis cuidadores»). Agrega esta respuesta a tu guion de la pregunta 2. _____

_____

_____

_____

_____

_____

_____

_____

6. ¿Qué harás si la persona con la que compartes la información no responde de la mejor manera? (Ejemplos: hablar con otro amigo, escribir en su diario, salir a caminar)._____

_____

_____

_____

_____

_____

_____

_____

_____

_____

Cuando llegue el momento de tener la conversación, utiliza el guion que has desarrollado a partir de las preguntas 2 y 5. Asegúrate de pedir lo que necesitas y, si no obtienes la respuesta que deseas, abandona la conversación y sigue el plan de la pregunta 6.

HOJA DE EJERCICIOS

MODELO DE CARTA PARA INICIAR UNA CONVERSACIÓN

Utiliza la carta que aparece a continuación y completa los espacios en blanco. Elige entre las opciones que hemos enumerado o utiliza tus propias palabras.

Querido _____:

Durante los últimos _____
(día/semana/mes/año) me he sentido _____
(distinto/triste/enfadado/ansioso/molesto/agitado/solitario/sin esperanza/temeroso/abrumado/distraído/confundido/estresado/vacío/inquieto/incapaz de funcionar/incapaz de salir de la cama).

He tenido dificultades con _____
(cambios en el apetito/cambios en el peso/pérdida de
interés en cosas que solía disfrutar/escuchar cosas que
no existen/ver cosas que no existen/no estar seguro de
si las cosas son reales o no/mi cerebro me juega malas
pasadas/falta de energía/aumento de energía/incapaci-
dad para concentrarme/uso o abuso de alcohol o drogas/
autolesión/saltarme comidas/comer en exceso/concen-
tración abrumadora en el peso o el aspecto físico/sentir
que no valgo nada/pensamientos incontrolables/culpa/
paranoia/pesadillas/acoso/no dormir lo suficiente/dormir
demasiado/comportamiento sexual arriesgado/tristeza
abrumadora/perder amigos/amistades poco sanas/
rabia o ira inexplicable/aislamiento/sentirme alejado de
mi cuerpo/sentirme fuera de control/pensamientos de
autolesión/cortarme/pensamientos de suicidio/planes de
suicidio/abuso/agresión sexual/muerte de un ser querido).
Decirte esto me hace sentir _____
(nervioso/ansioso/esperanzado/avergonzado/empode-
rado/proactivo/maduro/incómodo/culpable), pero te lo
digo porque _____
(estoy preocupado por mí mismo/esto está afectando mi

trabajo escolar/esto está afectando mis amistades/tengo miedo/no quiero sentirme así/no sé qué hacer/no tengo a nadie más con quién hablar de esto/confío en ti).

Me gustaría _____ (hablar con un médico o terapeuta/hablar con un consejero/hablar con mis maestros/hablar de esto más tarde/ crear un plan para sentirme mejor/hablar más de esto/ encontrar un grupo de apoyo) y necesito tu ayuda.

Atentamente,

_____ (Tu nombre)

OBTENIENDO AYUDA PROFESIONAL

ELEMENTOS ESENCIALES PARA EL CONSULTORIO TERAPÉUTICO

PAÑUELOS DESECHABLES

DIPLOMA ENMARCADO

MUCHOS LIBROS

SOFÁ SÚPER CÓMODO

ALGÚN TIPO DE PLANTA

ARTE RARO

ALFOMBRA ELEGANTE

Seamos sinceros: ya es bastante difícil hablar con las personas más cercanas a ti sobre la salud mental. Hay muchos desafíos que superar: el miedo, la vergüenza y el estigma, entre otras cosas. A menudo, esa conversación conduce a la decisión de acudir a un profesional de la salud mental. ¡No hay que pasar por alto la importancia de esa decisión! Es un gran paso para sentirte mejor, y debes reconocer el mérito de haber encontrado el valor para cambiar.

Pero ¿cómo puedes comunicarte con un profesional de la salud mental? ¿Cuál es el mejor tipo de tratamiento? ¿Y quién es la persona adecuada para proporcionarlo? Hay otras innumerables preguntas, como qué pasa si necesitas medicamentos o tienes que ir a un hospital. ¿Y si encuentras un terapeuta pero no es el adecuado? ¿Y si tu cuidador no tiene seguro y no puede pagar la terapia? No te preocupes. En este capítulo hablaremos de todo esto y mucho más. Por ahora, puedes estar tranquilo al saber que estás en el lugar adecuado y a punto de averiguar cómo buscar ayuda.

El qué, el porqué y el cómo de la terapia

¿QUÉ ES EXACTAMENTE LA TERAPIA?

La terapia consiste en hablar de tus problemas con un profesional de la salud mental. Hablar de todos los pensamientos, sentimientos y comportamientos que te causan angustia y te impiden sentirte bien y en control de tu vida. Hay muchos tipos diferentes de psicoterapia, pero no tienes que preocuparte por eso ahora. Lo importante aquí es saber que hablar con un terapeuta o consejero puede ayudarte a afrontar lo que te ha estado causando dolor o impidiéndote disfrutar de tu vida.

Durante la terapia, aprenderás a cuestionar tus pensamientos negativos y a cambiar tus comportamientos. Tu terapeuta te animará a enfrentarte a cosas que has estado reprimiendo. Es un trabajo emocional exigente, y algunos días puedes salir del consultorio triste, enfadado o agotado.

Todo eso forma parte del proceso. A veces las cosas se hacen más difíciles antes de ser más fáciles; pero se hacen más fáciles con el tiempo.

No todas las terapias se centran en los problemas. A veces, simplemente hablar con alguien que no juzga puede ofrecer una liberación emocional y una sensación de ser escuchado, comprendido y apoyado.

A continuación, encontrarás otras razones para considerar la terapia:

* Sanar dolores del pasado.
* Hacer frente a los síntomas.
* Comprender y gestionar mejor las emociones fuertes, como el miedo, el dolor o la ira.
* Desarrollar las habilidades para las relaciones.
* Sentirte más fuerte ante los desafíos.
* Cambiar los comportamientos que te limitan.
* Determinar tus objetivos.
* Reforzar la confianza en ti mismo.
* Crear nuevos hábitos y rutinas más saludables.

¿Y SI NO ESTOY PREPARADO PARA COMPARTIR ALGO QUE ME HA OCURRIDO O ALGO QUE SIENTO?

Si tu terapeuta te pregunta algo y no te sientes cómodo para compartirlo, no pasa nada. Explica que no estás preparado todavía. Los terapeutas están capacitados para respetarte y darte el tiempo y el espacio que necesitas. A medida que vayas ganando confianza con tu terapeuta, te sentirás más cómodo y podrás abrirte y compartir cada vez más. Ten en cuenta que no puedes mejorar las cosas sin antes hablar de ellas. Seguro que tu terapeuta ya lo ha oído todo, entonces no te preocupes por parecer raro.

¿CÓMO PUEDO ENCONTRAR UN TERAPEUTA?

La búsqueda de un terapeuta puede ser intimidante, pero existen muchos recursos para ayudarte. Empieza por hacer preguntas a tu alrededor. Consulta con tus amigos y familiares para ver si conocen a alguien a quien recomendar. Si a ellos les agrada su terapeuta, es posible que a ti también te agrade. Puede ser reconfortante saber que alguien de confianza ya ha tenido una buena experiencia con ese profesional.

Lo más probable es que tu cuidador tenga que hacer el trabajo de buscar un terapeuta y tramitar el seguro y el pago. Si tienen problemas con este proceso, pueden pedir a tu médico o líder religioso que recomiende a otra persona u organización. También puedes ponerte en contacto con tu consejero escolar, el trabajador social o el psicólogo de tu escuela. Si estás en la universidad, puedes hablar con un terapeuta en el centro de consejería. Todas estas personas son profesionales capacitados de la salud mental y pueden reunirse contigo sin costo alguno. Tal vez no puedan verte con tanta frecuencia como un terapeuta privado, pero es una buena forma de empezar. (Consulta los Recursos al final del libro para ver más sugerencias).

Por ahora, piensa en qué cualidades de un terapeuta te harían sentir más cómodo. Algunas cosas que puedes tener en cuenta son:

* **GÉNERO. Algunas personas se sienten más cómodas compartiendo sus sentimientos con alguien de un género determinado.**
* **ORIENTACIÓN SEXUAL. Si formas parte de la comunidad LGBTQ+, puede que te sientas cómodo con un terapeuta que también forme parte de esa comunidad.**
* **RAZA, ETNIA Y CULTURA. En un mundo perfecto, los terapeutas de todas las procedencias serían culturalmente competentes: capaces de comprender los problemas singulares a los que se**

enfrentan las personas de culturas distintas a la suya. Pero a veces tiene sentido confiar en alguien que comparte tu origen étnico.

* IDIOMA. Si el inglés es tu segundo idioma, puede resultarte conveniente conversar con alguien que hable tu primer idioma.

* RELIGIÓN. Algunos terapeutas se especializan en proporcionar terapia a través de una lente religiosa o espiritual.

* ÁREAS DE INTERÉS/EXPERIENCIA. La mayoría de los terapeutas están bien capacitados en el tratamiento de la depresión y la ansiedad, pero si tienes dificultades con algo específico, como un trastorno alimentario, una adicción, un trastorno bipolar o un trauma, puedes buscar a alguien especializado en ese tema en particular.

* DISPONIBILIDAD. Según dónde vives, puedes tardar semanas en conseguir una cita. Puede que solo haya un terapeuta en tu zona que acepte el seguro de tu cuidador y tenga disponibilidad. Tal vez esta persona no tenga mucha experiencia con los problemas que te preocupan o sea diferente de quien te gustaría en edad o capacitación. De todos modos, vale la pena intentarlo con esa persona. Podrías llevarte una grata sorpresa.

¿CÓMO SERÁ MI PRIMERA SESIÓN?

Piensa en tu primera cita como una consulta: una oportunidad para conocer al terapeuta y asegurarte de que se lleven bien. Algunos terapeutas incluso ofrecen una consulta gratuita por teléfono antes de la cita.

Acudir a terapia por primera vez puede ponerte nervioso, ¡y es normal! Pero debes saber que tu primera sesión es solo una conversación. Dos personas que hablan. Hacen y responden preguntas. Tu terapeuta probablemente empezará por preguntar qué te trae a la terapia y qué esperas obtener de ella. Querrá saber cuál crees que es el problema, y sobre tu vida, la escuela y dónde vives. También es habitual que te pregunte por tu familia y amigos.

¿QUÉ SUCEDE SI NO ME AGRADA MI TERAPEUTA?

Uno de los factores más importantes de la terapia es la relación con el terapeuta. Si algo falla en esa relación, puede ser difícil avanzar. Sentirte cómodo con la persona que elijas es muy importante; debes poder desarrollar una sensación de confianza y seguridad para poder hablar con sinceridad.

Pero ¿cómo averiguas si se trata de un problema con la relación o más bien del hecho de que la terapia puede generar un montón de sentimientos realmente incómodos? A veces, sin darte cuenta, puedes transferir tus sentimientos sobre una persona de tu vida al terapeuta, lo que puede resultar confuso. Aún más confuso es que a veces las cosas se ponen más difíciles antes de ser más fáciles. Y a veces nos enfadamos con la gente que nos dice cosas que son difíciles de oír, aunque necesitemos oírlas.

La mejor manera de resolver esta confusión es plantearlo a tu terapeuta. Habla en voz alta y sin rodeos: «No estoy seguro de que esta relación funcione para mí». Los terapeutas están entrenados para superar obstáculos de este tipo, y no deben tomarlo como algo personal. A veces pueden recomendar a otro terapeuta que se adapte mejor. A veces, la propia conversación revelará un tema del que necesitabas hablar.

Si has dado lo mejor de ti y la relación sigue sin funcionar, no hay nada malo en buscar un nuevo terapeuta. Pero no abandones la terapia por completo. Encontrar al terapeuta adecuado es un poco como las citas para conocer a alguien especial. Si tuvieras una mala cita no dejarías de salir por completo, ¿verdad? Entonces, ¿por qué probar con un solo terapeuta y renunciar a la terapia? Al igual que con otras relaciones, puede que lleve tiempo encontrar a la persona adecuada.

¿QUÉ PUEDO HACER PARA ASEGURARME DE QUE MI TERAPIA *FUNCIONE*?

Para aprovechar al máximo las sesiones de terapia, te conviene participar activamente. He aquí cómo:

* **DETERMINA TUS OBJETIVOS DE TRATAMIENTO.** Piensa en los comportamientos o problemas concretos que más te preocupan y compártelos con tu terapeuta.

* **SÉ SINCERO.** Tu terapeuta no puede ayudarte realmente si no compartes todo el panorama. No digas que estás bien si no lo estás.

* **MANTÉN LA MENTE ABIERTA.** Debes estar dispuesto a considerar nuevas formas de pensar y actuar. Todos nos resistimos al cambio, entonces no te sorprendas si sientes la tentación de abandonar justo antes de que se produzcan cambios reales.

* **SI CREES QUE NO ESTÁS PROGRESANDO, INFORMA AL PROFESIONAL.** Un buen terapeuta será receptivo para que puedas aprovechar al máximo tus sesiones. Después de hablar de tus preocupaciones, si sigues sin sentirte cómodo, puedes reunirte con otro terapeuta para que te aconseje y, posiblemente, cambiar de terapeuta.

* **LLEVA LA TERAPIA A CASA.** Considera la posibilidad de llevar un diario para ampliar lo que has hablado en terapia. Piensa en formas de utilizar las ideas de la terapia en tu vida diaria.

TAREA

Debe ser una broma, ¿no? ¿*Tareas de terapia*? Pero para aprovechar la terapia realmente al máximo, a veces tu terapeuta te asignará «tarea». Serán cosas prácticas, como «escribe cómo te sientes cada día» o «preséntate a alguien nuevo». A veces será practicar una habilidad específica de afrontamiento que estás aprendiendo en terapia. Si tu terapeuta te asigna una tarea y no te sientes preparado para ella, díselo y pide algo más manejable.

¿CUÁNTO TIEMPO TENGO QUE SEGUIR EN TERAPIA?

La mayoría de las personas necesita más que unas pocas sesiones para obtener todos los beneficios de la terapia. Es habitual ver a un terapeuta durante varios meses. Algunas personas permanecen en terapia durante años o la abandonan y vuelven en distintos momentos de su vida. Tu terapeuta trabajará contigo para determinarlo.

Lo entendemos: la terapia parece mucho trabajo y es posible que no quieras ir. Si nunca has ido a terapia, puede parecerte demasiado aterrador o incómodo. O tal vez hayas acudido a un terapeuta, pero tuviste una mala experiencia. Está bien no querer ir a terapia. Aunque puede ser realmente útil, nunca debe forzarse. Afortunadamente, hay algunas cosas que puedes hacer aparte de la terapia para mejorar tu salud mental. En la Parte cuatro encontrarás muchas sugerencias.

Terapia en línea

La terapia en línea es similar a la terapia habitual, salvo que se realiza en línea en lugar de en un consultorio. Las sesiones suelen durar una hora y pueden tener lugar semanalmente o con la frecuencia que tú y tu terapeuta decidan.

Estas son algunas razones por las que podrías considerar la terapia en línea:

* Te es difícil encontrar tiempo para ir físicamente al consultorio de un terapeuta.
* Vives en una ciudad pequeña donde no hay suficientes terapeutas.
* Los terapeutas del lugar donde vives están todos ocupados y tienen listas de espera para poder verlos.
* Te sientes más cómodo usando una plataforma en línea que yendo a un consultorio a hablar con un desconocido en persona.
* Necesitas un horario más flexible que el que pueden ofrecer la mayoría de los consultorios terapéuticos.
* Quieres poder enviar mensajes de texto o correos electrónicos a tu terapeuta entre una cita y otra.

La terapia en línea puede ser más cómoda que la tradicional, pero no es perfecta. Muchos de los retos de la terapia tradicional siguen vigentes, como la necesidad de dedicar tiempo a encontrar un terapeuta adecuado. También introduce algunos retos nuevos:

* Los terapeutas diseñan sus consultorios para que sean espacios cómodos, tranquilos y privados. Con la terapia en línea, tendrás que encontrar tu propio espacio tranquilo.

* Si en tu apartamento o tu casa vive mucha gente, es posible que otras personas escuchen lo que dices. Esto puede hacer que sea potencialmente más difícil compartir tus sentimientos.

* La terapia se basa en la comunicación, y no hay sustituto perfecto para la comunicación en persona. Si estás haciendo videollamada, puedes ver el lenguaje corporal y las expresiones faciales. Pero si haces una llamada sin video, te lo perderás. Y si envías mensajes de texto, también se pierde el tono de voz de la otra persona.

* La tecnología resuelve muchos problemas, pero también introduce otros nuevos. Necesitarás una conexión a internet decente y un dispositivo que pueda manejar la conversación sin retrasos. Incluso así, puede haber dificultades técnicas de vez en cuando que están fuera de tu control.

Aplicaciones de terapia

Cada vez hay más aplicaciones de terapia que vale la pena probar, sobre todo si no puedes participar en una terapia tradicional. Es posible que hayas visto anuncios de servicios como Talkspace y BetterHelp. En el momento de escribir este libro, estos servicios no están cubiertos por los seguros, pero es posible que eso cambie pronto. Cada una de estas aplicaciones funciona de forma diferente, pero suelen ofrecer alguna combinación de lo siguiente:

* **PONERTE EN CONTACTO CON EL TERAPEUTA ADECUADO.** La aplicación te pedirá algunos datos y los utilizará para encontrar a un terapeuta que (con suerte) sea adecuado para ti. Esto elimina parte del trabajo de buscar un terapeuta.
* **ACCESO A TERAPIA LAS 24 HORAS AL DÍA, 7 DÍAS A LA SEMANA.** Muchas aplicaciones te permiten hablar con alguien en cualquier momento, no solo en las sesiones semanales programadas. Sin embargo, hay una desventaja: es posible que solo puedas hacerlo a través de mensajes de texto, y puede que no sea con el mismo terapeuta cada vez.

* **SESIONES REGULARES DE TERAPIA.** Además de las ventajas descritas anteriormente, la mayoría de estas aplicaciones también te brindan acceso a sesiones de terapia más tradicionales. La frecuencia y la duración de las sesiones dependerán de la aplicación y de tus necesidades de salud mental.

líneas de mensajes de texto, líneas de ayuda y líneas de apoyo de pares

La línea de mensajes de texto para crisis es gratuita, anónima y ofrece apoyo las 24 horas del día a cualquier persona en crisis. Envía un mensaje de texto con la palabra AYUDA al 741741 para ponerte en contacto con un voluntario capacitado. Puedes utilizar el servicio para cualquier situación cada vez que necesites ayuda. El objetivo es ayudar a las personas en crisis a pasar de un momento «caliente» a una «calma sosegada», y darles herramientas para afrontar mejor una crisis en el futuro. El consejero de crisis se presenta y te invita a intercambiar mensajes de texto. Puedes compartir a tu propio ritmo y decidir por ti mismo lo que te sientas cómodo en compartir. El consejero te ayudará a ordenar tus sentimientos formulando preguntas y escuchando activamente.

Una línea de ayuda es un servicio que funciona las 24 horas del día, los 7 días de la semana, para ayudarte si estás pensando en hacerte daño o suicidarte, o en matar a otra persona, o si estás en crisis y necesitas ayuda para calmarte y mantenerte a salvo. Para ponerte en contacto con **la Línea nacional de prevención del suicidio, llama al 988**. Todas las llamadas son confidenciales y, si lo deseas, totalmente anónimas. Los servicios de las líneas de ayuda son gratuitos y algunos se ofrecen en varios idiomas. (Consulta Recursos al final del libro para conocer las líneas de ayuda sugeridas).

Esto es lo que puedes esperar cuando llames a una línea de ayuda: la persona con la que hables será un profesional capacitado o un voluntario capacitado. Tal vez te hagan preguntas para empezar, pero tú puedes guiar la conversación y hablar de lo que desees. Esto significa que no se sigue ningún guion; los trabajadores de crisis se limitan a mantener una conversación contigo y esperan ayudarte a sentirte mejor.

En algún momento de la llamada, tú y el consejero de crisis desarrollarán un plan de seguridad y posibles intervenciones. En algunos casos, eso significa que un consejero te visite en tu hogar, que hagan una lluvia de ideas sobre qué familiares o amigos pueden ayudarte, o que programen otra llamada para volver a hablar contigo más tarde. En raras ocasiones, se puede llamar a la policía, pero el trabajador de crisis hará todo lo posible para reducir la tensión y ayudarte a crear un plan de seguridad antes de que intervenga otra persona. Algunas personas evitan llamar por este miedo, pero no debería ser así. El objetivo es mantenerte a salvo y ponerte en contacto con los recursos necesarios.

Una línea de apoyo de pares es otra forma de mantener una conversación con alguien que puede proporcionar apoyo en los momentos difíciles. Puedes llamar a una línea de apoyo de pares si estás en crisis o simplemente necesitas a alguien con quien hablar. Las líneas de apoyo de pares no suelen estar disponibles las 24 horas del día, 7 días a la semana, como las líneas de ayuda. Están formadas por pares capacitados que han pasado por dificultades de salud mental y saben lo que es necesitar ayuda. Son gratuitas y confidenciales, y son diferentes de las líneas de crisis o líneas de ayuda, que se centran más en mantenerte a salvo en el momento y ponerte en contacto con los recursos para crisis lo antes posible. (Eso no significa que no puedas llamar a una línea de apoyo de pares cuando estés en crisis: una línea de apoyo de pares incluso puede ayudarte a encontrar el mejor lugar al que acudir en busca de recursos para crisis, o ayudarte a prepararte mentalmente para buscar un tratamiento más formal).

Visita warmline.org para obtener una lista de líneas de apoyo de pares por estado.

Medicamentos

Hablemos un poco de los medicamentos. Algunas personas tienen miedo incluso de pensar en tomar medicamentos. Les preocupa lo que pueda significar que necesiten una pastilla para aliviar la ansiedad, la depresión u otros síntomas. ¿Eso significa que están locos o rotos? ¿O que tendrán que tomar medicamentos el resto de su vida? No necesariamente. Muchas personas encuentran que los medicamentos son realmente útiles para controlar diferentes síntomas. Algunas personas los toman durante poco tiempo y no vuelven a necesitarlos, mientras que otras los toman durante años o para siempre. Es algo muy personal y depende de muchos factores diferentes que analizaremos a continuación.

Sin embargo, hay una cosa que está clara y que no se puede decir con suficiente firmeza: si necesitas tomar medicamentos, ya sea durante un tiempo o incluso durante años, eso no dice nada sobre ti como persona. No estás roto y no hay nada que explicar ni por qué sentirte culpable.

Los medicamentos afectan a cada persona de forma diferente. Algunos pueden funcionar muy bien para un amigo, pero no para ti. O pueden funcionar, pero los efectos secundarios pueden ser demasiado desagradables. Tendrás que consultar con tu médico o psiquiatra para encontrar el mejor medicamento para TI. Eso significa equilibrar los posibles beneficios con los posibles efectos secundarios. Ten en cuenta que los medicamentos no son curas. Tratan los síntomas. Si dejas de tomarlos, los síntomas pueden reaparecer.

Los medicamentos suelen funcionar mejor cuando forman parte de un programa de tratamiento global. Tu plan puede incluir psicoterapia, programas entre pares y medicamentos. Siempre hay algo de ensayo y error a la hora de encontrar el medicamento adecuado. Algunos medicamentos tardan unas semanas o hasta dos meses en hacer efecto, y a veces los efectos secundarios de un medicamento pueden empezar antes que sus beneficios. Es posible que tengas que probar más de un medicamento antes de encontrar el adecuado, pero muchas personas consideran que la espera vale la pena.

TIPOS DE MEDICAMENTOS

Los antidepresivos ayudan a reducir los sentimientos de tristeza o el estado de ánimo depresivo. También pueden reducir los pensamientos suicidas, aunque algunos antidepresivos tienen el efecto secundario de aumentar dichos pensamientos. Si esto te preocupa —especialmente si has tenido pensamientos suicidas o los has experimentado en el pasado— asegúrate de mencionarlo a tu médico. Los antidepresivos no hacen «felices» a las personas ni cambian su personalidad. Algunos antidepresivos también reducen la ansiedad.

Los estimulantes se utilizan a menudo para tratar el TDAH y pueden ayudar a mejorar la concentración y la capacidad de atención. También pueden mejorar la capacidad de una persona para seguir instrucciones y reducir la hiperactividad y la impulsividad.

Los estabilizadores del estado de ánimo se utilizan a menudo para tratar el trastorno bipolar y pueden ayudar a reducir o eliminar los estados de ánimo extremos, altos y bajos, y los síntomas relacionados con ellos. Sin embargo, no deben impedirte experimentar los altibajos normales de la vida. Estos medicamentos también se utilizan para tratar la depresión que dura mucho tiempo, que desaparece pero vuelve a aparecer o que no se trata lo suficientemente bien con un antidepresivo solo.

Los medicamentos antipsicóticos son para condiciones de salud mental como la esquizofrenia o el trastorno bipolar,

que incluyen síntomas psicóticos. También se utilizan para otras condiciones como la depresión, la ansiedad y la dificultad para dormir. Los medicamentos antipsicóticos pueden ayudar a reducir o, en algunos casos, eliminar las alucinaciones y los pensamientos muy temerosos.

Los tranquilizantes y somníferos pueden reducir la ansiedad y el insomnio y ayudarte a sentirte más relajado. Aunque solo algunos de ellos se utilizan principalmente para ayudar a conciliar el sueño, todos pueden provocar somnolencia. Por lo general, estos medicamentos se utilizan solo brevemente porque su uso prolongado puede causar dependencia.

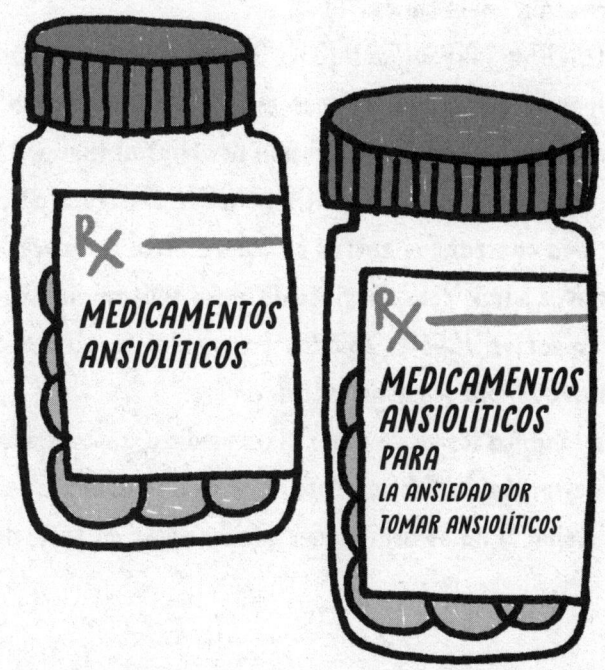

R_X MEDICAMENTOS ANSIOLÍTICOS

R_X MEDICAMENTOS ANSIOLÍTICOS PARA LA ANSIEDAD POR TOMAR ANSIOLÍTICOS

CÓMO DECIDIR SI TOMAR MEDICAMENTOS

Si estás pensando en tomar medicamentos, habla honestamente con tu médico. Comparte tus preocupaciones para conocer tus opciones. ¿No sabes cómo hacerlo? Los siguientes consejos pueden ayudarte:

✳ **OBTÉN INFORMACIÓN. Pregunta a tu médico cómo se supone que los medicamentos te ayudarán con tus síntomas específicos y cuáles son los posibles efectos secundarios. Incluso podrías tomar notas o pedir a un amigo o familiar que te acompañe a la cita para brindarte apoyo emocional y ayudarte a recordar la información importante.**

✳ **HABLA CON OTRAS PERSONAS QUE TENGAN EXPERIENCIAS SIMILARES. Los grupos de autoayuda pueden proporcionar una gran información directa. (Consulta la sección Recursos al final del libro).**

✳ **PIENSA QUÉ ES LO MÁS IMPORTANTE *¡PARA TI!* ¿Se trata de aliviar un síntoma concreto mientras se tolera otro? O tal vez estás dispuesto a vivir con un síntoma para evitar ciertos efectos secundarios. ¿Cuáles son tus principales objetivos? ¿Cómo pueden ayudar los medicamentos?**

✳ **A veces, la única forma de saber si un medicamento es adecuado para ti es probarlo. Tal vez descubras que te ayuda a sentirte mucho mejor. Si no es así, puedes decidir dejar de tomarlo.**

APROVECHAR AL MÁXIMO LOS MEDICAMENTOS

Tomar medicamentos puede resultar complicado, pero hay algunas cosas que puedes hacer para que sea más fácil. En primer lugar, realiza un seguimiento de tu progreso. Anota tus medicamentos y cómo te sientes. Escribe también tus preguntas y compártelas con tus médicos. Esto también puede servir como registro para el futuro: si al final tomas diferentes medicamentos, puedes revisar tus notas para ver cuáles funcionaron y durante cuánto tiempo.

Si experimentas efectos secundarios desagradables, tu médico o farmacéutico pueden ayudarte. Si alguna vez tu medicamento te hace sentir mal, produce fiebre, una reacción cutánea o cualquier otra cosa que te preocupe, no sufras en silencio: llama inmediatamente a tu médico o farmacéutico.

Del mismo modo, si estás pensando en dejar de tomar los medicamentos, asegúrate de hablar con tu médico y con otras personas que te apoyen. Quizá puedan ayudarte a decidir. Aunque no quieras que te ayuden a tomar la decisión, las personas cercanas deben saber que no te encuentras bien o que tienes dificultades con los efectos secundarios.

La interrupción brusca de un medicamento puede provocar gran malestar y, posiblemente, una convulsión. Deben suspenderse gradualmente y con la ayuda de un médico.

Por último, cuando tomas medicamentos, no consumas drogas ni alcohol. La combinación puede ser peligrosa o incluso mortal.

Hospitalización

A veces, la hospitalización puede ser necesaria para que una persona permanezca segura y sea vigilada de cerca, reciba un diagnóstico preciso y se le ajusten o estabilicen los medicamentos. La gente suele tener miedo de ir al hospital, pero descubre que no es en absoluto lo que esperaba. El objetivo de la hospitalización no es mantenerte allí indefinidamente. El objetivo es enviarte de regreso a tu hogar tan pronto como te sientas seguro y en control (tanto de tus emociones como de tu comportamiento).

Durante una estadía en el hospital, primero te harán un examen físico completo para determinar tu estado general de salud y así elaborar tu plan de tratamiento. Siempre tienes derecho a una explicación acerca de tu tratamiento y a rechazarlo si te sientes incómodo o inseguro. También tienes derecho a que se proteja y mantenga en privado tu información de salud mediante la confidencialidad.

Es habitual que las personas concurran al hospital por una condición de salud mental. En ocasiones, las personas específicamente van por lo que ofrece el hospital. Otras veces, es simplemente el primer lugar en el que pensamos cuando estamos en crisis. Entender lo que ocurre cuando ingresas a un hospital puede ayudarte a decidir si es la mejor opción para ti en este momento.

Si decides que necesitas ir a un hospital, tus opciones de tratamiento dependerán del nivel de cuidados que necesites. Muchos hospitales generales disponen de unidades de hospitalización psiquiátrica que ofrecen atención las 24 horas del día. La hospitalización parcial proporciona servicios terapéuticos durante el día, pero no las 24 horas. Puede ser un paso intermedio entre la atención hospitalaria y el alta. El cuidado residencial consiste en atención psiquiátrica o programas para el tratamiento de adicciones que se brindan las 24 horas del día a personas internadas.

¿CÓMO PUEDE AYUDAR UN HOSPITAL CON LAS CONDICIONES DE SALUD MENTAL?

Hay muchas razones por las que las personas concurren al hospital por una condición de salud mental. Estas son algunas de ellas:

* **PARA ESTAR SEGURO.** A veces, si tienes pensamientos de hacerte daño o suicidarte, se necesita un hospital para brindarte seguimiento por parte de personas capacitadas para mantener tu seguridad y la de las personas que te rodean. Un equipo trabajará contigo para desarrollar un plan de seguridad, y te enviarán a casa con citas de seguimiento, medicamentos y nuevas habilidades y estrategias.

* **PARA ESCAPAR POR UNOS DÍAS.** Las estadías en el hospital por motivos de salud mental suelen ser bastante breves (de unos días a una o dos semanas). Pero si tu vida cotidiana es abrumadora, un pequeño descanso puede ser de gran ayuda para tu salud mental. Durante tu estadía en el hospital, te preparan las comidas, se lava tu ropa y las enfermeras te administran los medicamentos a las horas previstas. Es posible que puedas participar en actividades como la terapia de grupo y la terapia artística.

* **PARA RECIBIR ATENCIÓN MÉDICA RÁPIDA E INTEGRAL.** Satisfacer todas tus necesidades de salud mental puede ser como hacer malabares con demasiadas cosas a la vez. Hay medicación, terapia, cambios en el estilo de vida... por no hablar de tu salud física. En un hospital, puedes ver a especialistas para todas esas cosas, ¡en un solo día!

* **PARA ESTABLECER LOS CUIDADOS POSTERIORES Y UN PLAN DE TRATAMIENTO.** ¿Qué ocurre cuando finalizas tu estadía en el hospital? Pues bien, responder a esa pregunta forma parte

de tu estadía. Si necesitas medicamentos te los darán, y el hospital puede derivarte a un terapeuta o a cualquier otro especialista que necesites.

TEMORES HABITUALES ANTE UNA ESTADÍA EN EL HOSPITAL

Ir al hospital puede ser aterrador, incluso si ya has ido antes y sabes más o menos qué esperar. Hay muchas razones, pero veamos algunas de las más comunes:

* **TIENES MIEDO DE LLEGAR A OTRO PUNTO BAJO.** Cuando las personas van al hospital, suele ser porque sienten que están al límite de sus fuerzas. Puede que sea ese punto bajo el que temes, no el hospital en sí. En ese caso, puedes tratar de intervenir inicialmente revisando tu autocuidado, tu participación en la terapia y tu uso de medicamentos.
* **TUVISTE UNA MALA EXPERIENCIA LA ÚLTIMA VEZ.** No todos los hospitales son iguales. Por injusto que sea, es posible que el hospital al que fuiste la última vez no fuera lo bastante bueno. Si crees que en algún momento tendrás que volver a ingresar en el hospital, tal vez sea útil que hables con tus cuidadores sobre a dónde quisieras ir y qué tipo de tratamiento quisieras

o no quieras recibir. También puedes investigar en internet para intentar encontrar un hospital o programa que se ajuste a tus necesidades. Muchos condados disponen de listados locales actualizados. (Consulta la sección de Recursos al final del libro para obtener más sugerencias).

✸ **TIENES PENSAMIENTOS INTRUSIVOS.** Algunas personas tienen pensamientos persistentes y no deseados sobre cosas malas que les ocurren, como ir al hospital. Esto puede suceder incluso si no estás cerca de un punto en el que realmente necesites ser hospitalizado. Si esto te suena familiar, habla con una persona de confianza. Si se trata de un profesional de la salud mental, haz la pregunta directamente: «¿Cree que necesito ir al hospital?».

AUTOAYUDA PARA LA SALUD MENTAL

Hay muchas razones por las que tal vez no puedas trabajar con un profesional de la salud mental. La terapia puede ser costosa, y a veces el seguro no la cubre. En algunos lugares, puede ser difícil obtener una cita. O quizá no estés preparado. Pero la terapia no es la única forma de obtener ayuda. Afortunadamente, hay muchas cosas que puedes hacer por tu cuenta para mejorar tu salud mental. Cada una de las secciones siguientes te enseña algo diferente. Algunas son generales y sirven para casi todo el mundo, como la forma de afrontar la soledad o el manejo de las emociones negativas. Otras son específicas, como por ejemplo cómo afrontar los ataques de pánico o qué hacer si no puedes levantarte de la cama.

MANEJO DEL ESTRÉS

Nutrición

SISTEMA DE APOYO

HABILIDADES DE AFRONTAMIENTO

SUEÑO DE CALIDAD

EJERCICIO

MANTENER
UNA BUENA SALUD MENTAL

Qué hacer cuando levantarte de la cama y salir de tu habitación te cuesta

A veces el mundo exterior parece demasiado abrumador, sobre todo cuando ya resulta bastante duro estar en tu propia mente. Puede parecer que algo te impide físicamente moverte o que no hay nada por lo que valga la pena levantarte de la cama. Quizá haya demasiado que hacer o el mundo sea demasiado ruidoso o sientas que no perteneces a él. La vergüenza, las obligaciones o las relaciones pueden hacer que quieras evitar todo. Cuando sientes y piensas estas cosas, es lógico que quieras permanecer en tu habitación o que te sientas incapaz de salir de la cama.

El aislamiento, el agotamiento y la falta de motivación o interés por la vida son experiencias comunes de las personas que tienen dificultades con el estrés, la depresión, la ansiedad y otras condiciones de salud mental. Casi todo el mundo los experimenta en cierta medida. Sin embargo, oír esto no siempre ayuda o facilita las cosas.

Aunque tus pensamientos y sensaciones negativas parezcan lo único que hay en el mundo en este momento, debes saber que con el tiempo pasarán. No tienes que sentirte culpable por tener la experiencia muy humana de tener dificultades. A veces lo mejor que podemos hacer es resistir un minuto a la vez debajo de las mantas en nuestra habitación.

CONSEJOS PARA AFRONTARLO

✳ **HAZ UN PLAN CON UN AMIGO.** Si te sientes atascado, envía un mensaje de texto o llama a alguien que te importa para hacer planes. Incluso si no quieres compartir lo que te preocupa, un plan puede ayudarte a poner un pie del otro lado de la puerta. También puedes invitar a amigos o familiares a que vengan a visitarte.

✳ **ENVÍA UN MENSAJE DE TEXTO O LLAMA PARA SOLICITAR AYUDA.** Conectarse con otras personas es importante, sobre todo cuando tienes dificultades. Acude a alguien de confianza para poder compartir lo que te sucede. Mucha gente no pide ayuda porque se siente una carga, pero la mayoría dice que le encantaría apoyar a un amigo que lo necesita. Si prefieres no hablar de lo que está pasando, ¡tampoco pasa nada! Incluso compartir videos y memes no relacionados con lo que estás viviendo puede ayudarte a sentirte menos solo.

✳ **HAZ RECADOS O PEQUEÑAS TAREAS.** Cuando te resulta difícil salir de tu habitación, las pequeñas tareas tienden a acumularse, lo que te lleva a querer quedarte en ella aún más tiempo. Piensa en algunas de las cosas de las que podrías ocuparte, como lavar la ropa, limpiar tu habitación, ir a comprar comida, enviar correos electrónicos, hacer pedidos por internet, etc. Puedes fijar un plazo específico (cinco minutos, treinta minutos, una hora) para hacer algo que te parezca difícil pero que sea realista. Una vez que empiezas, suele ser mucho más fácil seguir.

✳ **ACUDE A UN PROFESIONAL.** Si te sientes incapaz de levantarte de la cama durante un largo periodo de tiempo, piensa en acudir a personas de tu red de apoyo o a un profesional para buscar ayuda.

Cómo afrontar los ataques de pánico

Una de las cosas más difíciles de sufrir un ataque de pánico es el miedo intenso a la experiencia. Se apodera de todo y hace difícil, si no imposible, pensar con claridad. A nivel práctico, esto significa que la persona que sufre el ataque tendrá dificultad para resolver problemas y tomar decisiones. Una solución es aprender y practicar algunas habilidades que pueden ayudar cuando llegue el momento. Así no tendrás que luchar contra el pánico, que solo lo empeora.

Estas son algunas cosas que puedes probar:

* **HABLA CONTIGO MISMO. Habla en voz alta. Di exactamente lo que necesitas oir para sentirte mejor. «Vas a estar bien». «Ya has pasado por esto y sabes que no te va a matar». «Superarás esto, y eres más fuerte de lo que crees». Canta una canción.**
* **RESPIRA LENTA Y PROFUNDAMENTE. Es probable que tengas dificultades porque tu cuerpo quiere ponerse tenso e hiperventilar.**

Ganar control sobre la ansiedad y el pánico es reentrenar el cuerpo y el cerebro para tener mejores respuestas. Ayuda inspirar por la nariz y exhalar por la boca. Frunce los labios al exhalar para que haga ruido. Ve si puedes hacer que tu estómago suba y baje con cada inhalación y exhalación. También puedes probar contar tus respiraciones así: tres segundos para inspirar, cinco o seis segundos para exhalar.

* **DISTRÁETE.** Cuenta de tres en tres hacia atrás a partir de cien. Recita toda la letra de tu canción favorita. Cuenta el número de árboles que hay junto a la ventana, o los automóviles estacionados en la carretera. Algunas personas tienen un podcast favorito o una lista de música favorita a la que recurren, pero para esto debes tenerla preparada de antemano.

* **UTILIZA UNA TÉCNICA DE CONEXIÓN CON LA TIERRA.** La conexión con la tierra puede ayudarte a calmar el cuerpo y la mente y a permanecer en el momento. Apoya los pies en el suelo y toca tu silla u otro objeto. ¿Cómo se siente? ¿Fría? ¿Dura? ¿Tiene patrones? Descríbela mentalmente o en voz alta. También puedes hablar mediante cada uno de los cinco sentidos: «Veo... », «Siento... », «Oigo... », «Huelo... », «Saboreo... ». No es necesario que los sigas en orden. Ni siquiera hace falta que lo que digas tenga sentido. Mientras tu mente se conecte con lo que te rodea y no con pensamientos ansiosos, todo irá bien. Intenta encontrar un patrón rítmico. Sigue hablando hasta que sientas que la mente y el cuerpo se calman.

* **COMUNÍCATE.** Cuando las cosas vuelvan a la calma, comunícate con otras personas que puedan apoyarte. Es bueno desahogarte y encontrar a otras personas que compartan tus experiencias. Esto puede ayudarte a sentirte menos solo y animarte cuando lo que quieras hacer es huir o criticarte.

* **AUTOCUIDADO.** Después de un ataque, las personas suelen sentirse física y emocionalmente agotadas. Ten preparado un plan de autocuidado, como descansar en un lugar tranquilo, escuchar música suave, darte un baño o hacer cualquier cosa que te ayude a sentirte seguro. No te sientas mal por cancelar cualquier plan.

Luchando contra la soledad

Los seres humanos somos animales sociales: está en nuestra naturaleza querer conectarnos con los demás. Cuando esas necesidades no están cubiertas, es completamente normal sentirse solo. La soledad es una emoción universal. Todos la sentimos en un momento u otro, a nuestra manera.

A veces, la soledad proviene de sentirte desconectado o incomprendido, de sentir que no «encajas» con tus compañeros de clase, con tus amigos, con la sociedad en general. O quizá tengas un grupo de amigos, pero te gustaría tener un mejor amigo. O tal vez tienes ambas cosas, pero deseas tener una relación romántica. A veces puedes sentirte solo después de mudarte a una nueva ciudad o tras una ruptura. Y la soledad también puede ser un signo de depresión, ansiedad y otras condiciones de salud mental.

Sea cual sea el motivo, hay formas de ayudarte a sentirte menos solo. Aquí tienes algunos consejos:

* **RECONOCE QUE TE SIENTES SOLO.** El cambio suele empezar por admitir cómo te sientes, incluso aunque sea solo ante ti mismo. Intenta identificar por qué y cómo te sientes solo. Una vez que comprendas mejor tu propia experiencia con la soledad, te resultará mucho más fácil averiguar qué pasos dar para sentirte mejor.

* **REFUERZA LAS CONEXIONES QUE YA TIENES.** La soledad puede consumirlo todo, lo que dificulta reconocer las relaciones que tienes frente a ti. ¿Tienes compañeros de clase que parecen simpáticos, pero con los que no tienes mucha relación? ¿O hay una persona con la que nunca has hablado a pesar de que siempre te da un «me gusta» en las redes sociales? Intenta ponerte en contacto con alguna de estas personas, o con un amigo con el que hayas perdido el contacto hace unos años. Tal vez te sorprenda lo dispuesta que está esa persona a conectarse contigo a un nivel más profundo. Aunque no se conviertan en tus nuevos mejores amigos, con suerte te sentirás un poco más unido a las personas que te rodean.

* **ÚNETE A UN CLUB O ACTIVIDAD.** Es más fácil entablar amistad con alguien con quien tienes algo en común, entonces intenta participar en actividades que giren en torno a tus intereses. Busca un club de lectura, un equipo deportivo o una clase de arte. Incluso puedes empezar a asistir a una clase de entrenamiento a la misma hora cada semana: es probable que veas algunas de las mismas caras con regularidad. Y no te olvides de

los grupos en línea. Si no encuentras un buen grupo local, probablemente haya una gran comunidad en línea para cualquier afición o interés que se te ocurra.

* **CUIDA DE OTRA PERSONA.** Lo que realmente falta cuando uno se siente solo es un sentido de pertenencia y propósito. Ayudar a los demás puede hacerte sentir necesitado. Tal vez tengas un vecino o un familiar al que le encantaría poder desahogarse con alguien. También puedes ver si la residencia de ancianos o el refugio de animales (sí, los cachorros y gatitos cuentan como «otra persona») de tu barrio necesitan ayuda. Devolver a la comunidad es una forma estupenda de sentirte menos solo en el mundo.

* **PASA TIEMPO EN PÚBLICO.** Si mantener una conversación te parece intimidante, haz todo lo posible por salir en público. Estar rodeado de otras personas, aunque no interactúes con ellas, puede disminuir la intensidad de tu soledad. Si necesitas hacer tu tarea, ve a la biblioteca en lugar de hacerla en tu habitación. ¿Planeas navegar sin sentido por tu teléfono durante treinta minutos? Ve a tomar un café o a comer un bocadillo en tu cafetería favorita y pasa allí tu tiempo navegando las redes sociales.

* **DISFRUTA DE TU PROPIA COMPAÑÍA.** Estar a solas no tiene por qué significar sentirte solo. La comunidad es importante, pero también lo es tu relación contigo mismo. Asegúrate de hablarte a ti mismo con amabilidad y darte el mismo crédito que le darías

a otra persona. Dedícate a las actividades independientes que más te gustan: trabaja en esa lista de películas que deseas ver o consigue un kit de inicio para esa nueva afición que quieres empezar. Tómate el tiempo para volver a conectarte con quién eres realmente: tus fortalezas, tus metas y todo lo que te hace ser tú. Ventaja adicional: cuando te conoces mejor, es más fácil sentirte bien contigo mismo cuando sales y socializas.

lidiando con el odio
hacia uno mismo

Quizás no te agrade tu aspecto. O tal vez sientas que has defraudado a la gente, o que no tienes amigos. Tal vez sientas que estás atrapado en una espiral descendente: cuanto más te odias, más te equivocas, y entonces te odias aún más. Entonces, ¿cómo te puedes liberar?

Te ayudará identificar de dónde proceden los sentimientos de odio hacia ti mismo. Hay muchas cosas que influyen en cómo nos sentimos con nosotros mismos. Estas son algunas de ellas:

* **AUTOCRÍTICA EXTREMA. Un poco de autocrítica constructiva puede ayudarte a notar tus errores y corregirlos. Pero cuando empieza a hacerte sentir mal contigo mismo, deja de ser útil.**
* **EXPECTATIVAS POCO REALISTAS. Si constantemente no cumples tus propias expectativas, puede que haya llegado el momento de reevaluarlas. Puede que «rebajar tus expectativas» suene mal, pero no te haces ningún favor si mantienes tus expectativas imposiblemente altas.**

* **COMPARACIÓN CON LOS DEMÁS.** Es fácil comparar tus debilidades con las fortalezas de los demás. Claro que tienes defectos y has cometido errores... pero también los ha cometido todo el mundo, incluidos aquellos a los que más admiras. Las redes sociales facilitan que estas personas oculten sus defectos y muestren solo sus éxitos. Compararte con ellos es doblemente injusto.

* **ERRORES DEL PASADO.** Tal vez te guardes rencor por algo que hiciste hace mucho tiempo. No hay nada que puedas hacer para cambiar el pasado, pero siempre puedes aprender de él y seguir adelante.

* **SENTIRTE FUERA DE LUGAR.** Es importante encontrar un grupo de personas que te apoyen y te aprecien. Esto puede llevar algún tiempo, pero vale la pena el esfuerzo y esas personas existen. Algunas personas no encuentran su grupo hasta la universidad o después de empezar a trabajar. Y para otros ocurre en internet.

* **LA FUERZA DE LA COSTUMBRE.** Una vez que te acostumbras a criticarte, puede ser difícil dejar de hacerlo. «Me odio a mí mismo» u otro diálogo interno negativo a veces puede ser un pensamiento intrusivo: algo que simplemente aparece en tu mente sin ningún significado real detrás.

¿Y AHORA QUÉ?

Acéptate a ti mismo y tu situación actual. Está bien odiarse a uno mismo; no es raro hacerlo. Es posible que te sorprenda saber que algunas de las personas que te rodean se odian a sí mismas en secreto: a menudo son personas a las que admiras y amas. Y al igual que esas personas, tú también eres digno de amor.

A medida que aprendas a sentirte mejor contigo mismo, serás más feliz. Es un proceso que lleva tiempo. A continuación, encontrarás algunos consejos para mejorar la imagen que tienes de ti mismo:

✳ **EMPIEZA POCO A POCO.** No tienes que amarte de inmediato. Comienza por tener compasión de ti mismo. Practica ser amable contigo mismo. No hace falta que alguien te agrade para ser amable con él. Tampoco es necesario que te guste todo sobre ti. Empieza por encontrar una o dos pequeñas cosas que te agradan de ti mismo y dedica más tiempo a pensar en ellas.

✳ **NO TE DEFINAS POR TUS DEFECTOS O ERRORES.** Todo el mundo tiene defectos. Todo el mundo comete errores. Ninguna de las cosas define quién eres.

✳ **PRACTICA EL DIÁLOGO INTERNO POSITIVO.** Di cosas positivas sobre ti mismo: en voz alta, solo para ti mismo. No tienen por qué ser grandes cosas de inmediato. Quizás no estés preparado para

136

decir «soy listo« o «soy guapo». Pero si estás leyendo esto, puedes decir sinceramente: «Estoy trabajando en mí mismo». No se trata de dónde estás, sino de en qué dirección vas.

* **ACEPTA LOS CUMPLIDOS DE LOS DEMÁS.** Cuando digan cosas buenas de ti, no discutas ni voltees los ojos. Simplemente di «gracias». Trata de creer que lo dicen en serio. Piensa por qué pueden tener razón. Puedes añadir esto a tu diálogo positivo: «Tal persona me ha dicho que soy bueno en... ».

* **MEJORA TU SALUD MENTAL.** Los sentimientos de odio hacia uno mismo son síntomas clásicos de la depresión. Si tratas la depresión subyacente, tu imagen propia también mejorará.

Cómo afrontar
el pensamiento suicida

Si tienes dificultades con pensamientos suicidas, hay algunas cosas que debes saber. En primer lugar, no estás solo. Muchas personas tienen pensamientos sobre la muerte en distintos momentos de su vida. Simplemente debes saber que todo mejorará. Aunque te sientas perdido y desesperanzado, esos sentimientos cambiarán y hay cosas que puedes hacer para avanzar hacia la recuperación.

¿QUÉ HAGO SI NO QUIERO MORIR PERO TAMPOCO QUIERO VIVIR?

No todos los que piensan en morir quieren morir. Muchas personas piensan en morir para ayudar a controlar o acabar con el dolor mental y emocional. Hay una diferencia entre los pensamientos suicidas pasivos y activos. Los pensamientos suicidas pasivos son pensamientos que tienes sobre la muerte sin tener realmente un plan. La ideación suicida activa incluye hacer planes para acabar con tu vida.

Es importante entender cuándo los pensamientos suicidas pasivos se convierten en perjudiciales para tu seguridad. Considera los sentimientos que hay detrás de estos pensamientos. Comprender su origen puede ayudarte a manejar mejor los pensamientos y evitar que se produzca una crisis. Estos son algunos ejemplos:

EL PENSAMIENTO SUICIDA
SE SIENTE COMO...

«HE SIDO ATRAPADO POR UNA BOA CONSTRICTORA GIGANTE».

✳ **TE SIENTES DEPRIMIDO.** Un síntoma común de la depresión es pensar en la muerte. Puede ser una fijación con las cosas terribles del mundo, cómo acabarán las cosas o cuál es el propósito de la vida. Cuando estás deprimido, los pensamientos negativos tienden a «pegarse» más. Tratar la depresión subyacente puede ayudarte a enfocarte en pensamientos más positivos.

✳ **TIENES PENSAMIENTOS OBSESIVOS O INTRUSIVOS.** Los pensamientos obsesivos sobre la muerte pueden provenir tanto de la ansiedad como de la depresión. Pueden incluir la preocupación de que tú o un ser querido muera. Los pensamientos intrusivos pueden empezar como pensamientos pasajeros inofensivos en los que luego te obsesionas porque te asustan. Si esto te sucede, puede ayudarte leer sobre cómo afrontar las trampas del pensamiento en la página 159.

✳ **ESTÁS DE DUELO.** Nuestra curiosidad natural por la muerte se vuelve más personal cuando experimentamos el duelo. Tal vez hayas perdido a un familiar, un amigo o una mascota. Cuando muere alguien que aprecias, es natural pensar en lo que eso significa. Tal vez te preguntes qué es realmente la muerte, qué le ha ocurrido a tu ser querido... y qué te ocurrirá cuando fallezcas. Date suficiente tiempo para hacer el duelo. Muchas personas encuentran consuelo viendo programas de televisión o películas sobre el duelo y la pérdida, leyendo libros o poesía sobre el tema, o hablando con un líder espiritual o cualquier otra persona de confianza sobre lo que estás atravesando. Escribir tus sentimientos en un diario también puede ser de ayuda.

OTRAS RAZONES PARA PENSAR EN MORIR

* **¿SIN ESPERANZA?** En tus momentos más bajos, tu mente puede buscar y encontrar todas las cosas malas de tu vida. O puede que solo sea un problema, pero no hay una solución fácil o viable. O la solución obvia está bloqueada por otro problema. Y así sucesivamente. El dolor de este tipo de situaciones puede ser muy intenso, pero intenta recordar que la desesperanza es tanto un sentimiento como un juicio. Los sentimientos no duran para siempre, y no puedes confiar en los juicios cuando estás angustiado. Razón de más para pedir la opinión de alguien de confianza.

* **¿AGOTADO?** Tal vez la vida te haya deparado tantas cosas que sientes que no tienes energía para seguir adelante. Está bien querer tomarte un descanso temporal de la realidad. La palabra clave aquí es *temporal*. Dedicar tiempo al cuidado personal es en realidad un acto desinteresado: cuando te cuidas, tienes más energía para dar a los demás. Pero también está bien y es importante cuidarte solo por ti mismo, no por los demás.

* **¿AISLADO SOCIALMENTE?** El aislamiento conduce a menudo a sentimientos de soledad y puede aumentar la probabilidad de pensamientos suicidas. Intenta ponerte en contacto con tus familiares para hacer llamadas semanales, crea un club virtual con algunos amigos o encuentra consuelo pasando tiempo con tus mascotas. Es importante seguir conectado socialmente de alguna manera.

* **¿IMPRUDENTE?** Tal vez las cosas que te mantienen seguro, como los cinturones de seguridad, ya no signifiquen mucho para ti. ¿Te pones en peligro de forma intencionada o no? Si es así, debes reconocer que no estás tomando decisiones seguras. Busca a alguien en quien confíes. Reconoce esto y pide ayuda.

* **¿TIENES MIEDO DE SER UNA CARGA?** Es frecuente que las personas que tienen dificultades con su salud mental piensen que son una carga para los demás, que su estado de ánimo o comportamiento suponen un trabajo adicional para las personas de su vida. No lo es. Si estás leyendo esto y te cuesta creerlo, pregúntate: si tu amigo tuviera dificultades con pensamientos suicidas, ¿no quisieras ayudarlo? Lo que hay que hacer ahora es cambiar el pensamiento de «soy una carga» a «necesito ayuda». Intenta rodearte de amigos, familiares u otras personas que te apoyen.

* **¿TE SIENTES INSEGURO DEBIDO A UN TRAUMA PASADO?** Los cambios de vida repentinos y los traumas pueden provocar miedo y

pensamientos suicidas. Nombra los sentimientos que estás experimentando y no te juzgues. Esos sentimientos no significan nada sobre ti como persona, salvo que estás en crisis. Busca a alguien de confianza que pueda ayudarte a crear un plan de seguridad. Utiliza la hoja de ejercicios de la página 149.

✴ **¿EFECTOS SECUNDARIOS DE LOS MEDICAMENTOS?** Tomar ciertos medicamentos puede producir pensamientos suicidas como efecto secundario. Si crees que esto está ocurriendo, llama inmediatamente a tu médico o farmacéutico.

Si has estado pensando en la muerte y tienes un plan o tienes la intención de hacer un plan para ello, ¡tienes que decírselo a alguien! Mantener una conversación sobre el suicidio puede ser difícil e intenso, y es un paso valiente. Si te pones nervioso al hacerlo, no pasa nada, pero debes entender ahora mismo que es imprescindible. **¡TIENES QUE DECIRLE A ALGUIEN!** ¿Cómo? Comienza con una conversación difícil con la persona adecuada. **TÚ ERES DEMASIADO IMPORTANTE PARA NO HACERLO.** Tu vida es más grande que este momento. Sigue leyendo y te guiaremos en cuanto a las decisiones de con quién hablar y qué decir.

PRIMERO, CON QUIÉN HABLAR

✳ **AHORA MISMO, HABLA CON ALGUIEN QUE ESTÉ CERCA.** Si estás en tu hogar, habla con uno de tus padres, cuidador, hermano, amigo o vecino. Si estás en la escuela, habla con un maestro, un consejero, la enfermera escolar o incluso un amigo. Si hay varias personas disponibles, elige a aquella con la que te sientas más cómodo.

✳ **SI ESTÁS SOLO, NO ESPERES.** Busca a una de las personas mencionadas. llama o envía un mensaje de texto. También puedes llamar a tu terapeuta, si lo tienes, o a tu médico. Si nadie contesta tu llamada, puedes dejar un mensaje y seguir llamando. Sigue intentando comunicarte hasta que hables con alguien. No pasará nada si al final terminas con dos o tres personas que saben por lo que estás pasando y que están dispuestas a ayudarte.

✳ **LLAMA A LA LÍNEA NACIONAL DE PREVENCIÓN DEL SUICIDIO AL 988** si no tienes a nadie para contactar. Todas las llamadas son gratuitas y confidenciales y, si lo deseas, puedes mantener el anonimato. Puedes compartir todo lo que quieras sobre tu experiencia en la medida que lo desees, y es un espacio seguro para compartir. También se ofrece en varios idiomas. Si no puedes llamar, envía un mensaje de texto con la palabra **AYUDA** al 741741 para ponerte en contacto con una persona de la línea de mensajes de texto para crisis.

¿QUÉ DIGO?

Decirle a alguien que tienes tendencias suicidas es un acto increíblemente difícil y valiente. Se requiere mucho valor para compartir esos pensamientos con otra persona. Comienza por completar los espacios en blanco que aparecen a continuación y obtendrás un guion. Utiliza el guion para facilitar la conversación.

* **En el último** _____ (día/semana/mes/año) he estado pensando en el suicidio.
* **Pienso en morir** cada _____ (minuto/hora/día/semana).
* **Me he estado sintiendo** _____ (desesperado/atrapado/con un dolor insoportable/de mal humor/vacío/como una carga/enfadado/ansioso/agitado/imprudente/aislado).
* **He tenido dificultades con** _____ (comer/dormir/agredirme/conducción riesgosa/beber más/fuertes cambios de humor/tristeza abrumadora/ira o rabia inexplicable).
* **He pensado en** _____ (un plan/método/cómo voy a suicidarme).
* **Me gustaría** _____ (hablar con un médico o terapeuta/crear un plan de seguridad/encontrar un grupo de apoyo) y necesito tu ayuda.

DATE ALGO DE CRÉDITO

Si estás leyendo esta sección, hay una parte de ti que quiere sentirse más segura y trabajar para tener una vida mejor y con más sentido. ¡Apréciate por eso! Es un comienzo importante. Intenta alimentar esa parte de ti, hacerla más fuerte. Piensa en una razón por la que no quieres morir. No tiene por qué ser un propósito profundo, puede ser algo tan sencillo como no querer perderte la próxima temporada de tu serie favorita. Reconoce una pequeña razón para seguir adelante y construye sobre ella. Construye también tus apoyos, que podrían incluir personas —profesionales, amigos y familiares—, actividades, rutinas de autocuidado y cualquier cosa que ayude a dar sentido a tu vida. Pero, sobre todo, acuérdate de que tus sentimientos cambiarán y las cosas mejorarán.

HOJA DE EJERCICIOS

SENTIRTE SEGURO

Sufrir un acontecimiento traumático de cualquier tipo puede hacer que te sientas inseguro o inestable. Encontrar formas de enfocarte en la seguridad y crear una sensación de control sobre los aspectos de la vida puede ayudarte a sentirte más arraigado. Cuando nos falta seguridad, podemos sentirnos ansiosos, abrumados o deprimidos. Utiliza esta hoja de ejercicios para pensar cómo puedes aumentar los sentimientos de seguridad en tu vida.

DESARROLLAR CONCIENCIA

¿Hay situaciones en la vida que te hacen sentir fuera de control? (Ejemplo: tener una conversación o una visita inesperada, participar en una discusión, tener que hacer algo que no quieres hacer). _____

_____

_____

_____

_____

_____

¿Cuáles son algunos de los pensamientos que pasan por tu mente que aumentan los sentimientos o experiencias negativas? (Ejemplo: no sé qué hacer, todo va a salir mal).

_____

_____

_____

_____

_____

_____

_____

_____

¿Cuáles son algunos de los síntomas físicos de tu cuerpo que aumentan las experiencias negativas? (Ejemplo: se me acelera el corazón, me duele el estómago, sudo). _____

_____

_____

_____

_____

DESARROLLAR HABILIDADES
SEGURAS DE AFRONTAMIENTO

¿Qué palabras positivas puedes decirte a ti mismo para sentirte mejor? _____

_____

_____

¿Qué cosas te han ayudado a sentirte seguro en el pasado? Puede tratarse de una acción que hayas realizado para reducir las reacciones físicas negativas o de un objeto que te haga sentir seguro. (Ejemplo: sostener un peluche, leer tu libro favorito, escuchar música tranquilizadora).

_____

_____

_____

_____

Piensa en un lugar donde te hayas sentido seguro en el pasado. Tómate un momento para cerrar los ojos, respira hondo y lentamente unas cuantas veces y visualiza el lugar. Piensa en los detalles. ¿Qué ves, oyes, hueles, sientes o incluso saboreas?_____

_____

_____

_____

_____

¿Con quién puedes hablar en tu vida cuando te sientes inseguro o inestable? _____

_____

_____

_____

_____

ACEPTACIÓN RADICAL

RECONOCE TUS SENTIMIENTOS

ESCUCHA TUS SENTIMIENTOS

CONÉCTATE CON TUS SENTIMIENTOS

ACEPTA TUS SENTIMIENTOS

HOJA DE EJERCICIOS

PRACTICANDO LA ACEPTACIÓN RADICAL

Muchas veces ocurren cosas malas y no tienes control sobre la situación. No puedes cambiar los comportamientos de las personas ni la realidad de lo que ocurre, y estas experiencias son dolorosas. La aceptación radical es una práctica que te ayuda a ver las situaciones de forma diferente y a distanciarte de emociones desagradables como el resentimiento, la ira, el odio o la vergüenza. Te ayuda a reducir tu dolor emocional para que puedas mantener la calma, pensar mejor y conservar tu dignidad.

Suena bastante bien, ¿verdad? Pues sí, y en realidad no tiene tanto misterio ni es tan complicado, aunque requiere algo de práctica. Los beneficios compensan con creces el costo del aprendizaje, especialmente cuando consideras que es una habilidad que podrás utilizar el resto de la vida. Utiliza esta hoja de ejercicios para aprender a practicar la aceptación radical.

¿Qué te preocupa? La primera parte de la aceptación radical consiste en decir claramente lo que ocurre. Por qué estás enfadado. Piensa en un acontecimiento o una situación. Puede ser reciente o de hace tiempo. Sea lo que sea, escribe lo que piensas sobre esto. _____

_____

_____

_____

_____

_____

Comprender la realidad. La segunda parte de la aceptación radical consiste en separar la *realidad* de la *opinión*. Estas preguntas te ayudarán a comprender la realidad de lo que estás viviendo:

Examina lo que has escrito más arriba. ¿Hay algo ahí que sea una parte de la realidad que tengas que aceptar (en lugar de un juicio u opinión)? Por ejemplo: «No debería ser así» es una opinión; «Es así» es una realidad. Escríbelo aquí:

_____

_____

_____

_____

_____

Piensa en la realidad que acabas de describir y acéptala. Si surge un sentimiento fuerte, no pasa nada. Acepta eso también.

¿Qué eventos llevaron a esta realidad? («Así es como sucedieron las cosas»). _____

_____

_____

_____

_____

Aceptar la realidad. La última parte de la aceptación radical consiste en aceptar la realidad contra la que has estado luchando. Estas preguntas te ayudarán:

Piensa en esta realidad. ¿Puedes aceptar esta realidad en tus pensamientos?¿Qué puedes decirte para ayudarte a aceptarla?_____

_____

_____

_____

_____

_____

Imagina lo que se sentiría al aceptarla. ¿Cómo te sentirías si pudieras dejar de resistirte a esta realidad? ¿Crees que te sentirías bien? ¿Raro? ¿Podrías sentirte «más liviano»? (Tampoco pasa nada si no lo puedes imaginar en absoluto. Esta es una nueva habilidad que requerirá práctica para aprenderla). _____

_____

_____

_____

_____

Piensa de nuevo en esta realidad. ¿Puedes aceptarla en tu cuerpo? ¿Dónde llevas la resistencia para aceptar esta realidad? ¿En los hombros o en la espalda? ¿Hay tensión o dolor físico? Practica sentir tus emociones en el cuerpo y luego practica liberarlas. Escribe cómo se siente. _____

_____

_____

_____

_____

_____

_____

¿En este momento sientes decepción, tristeza o pena? Acéptalo. Reconócelo. Permítete tener estos sentimientos. Entiende que está bien. No tienes que hacer nada para cambiar tus sentimientos o hacer que desaparezcan. Acéptalos por un momento. Si las sensaciones pasan, observa esto también. Escríbelo aquí. _____

_____

_____

_____

_____

_____

A pesar de las emociones dolorosas relacionadas con esta realidad, si las reconoces y aceptas, con el tiempo surgirán otros pensamientos y sentimientos. Y con ellos vendrán otras posibilidades. Piensa en otros aspectos de tu vida aparte de la realidad que tanto te cuesta aceptar. ¿Qué hay en esos otros aspectos de tu vida que sea bueno, significativo o interesante? Escribe sobre esto. _____

_____

_____

_____

_____

_____

Si tienes dificultades en este momento, escribe algunas ventajas y desventajas de aceptar esta realidad. Luego regresa al principio la próxima vez que experimentes una situación difícil.

_____

_____

_____

_____

_____

_____

Ten en cuenta que se trata de una habilidad que debes practicar y trabajar durante toda tu vida. ¡No es algo que se domine la primera vez! Pero las recompensas son enormes, entonces sigue intentando.

Cómo evitar las trampas del pensamiento

Cuando la vida es dura, empiezas a ver el mundo a través de una lente negativa. Puede parecer que todo es terrible y que no hay salida. Es posible que no puedas cambiar a las personas que te rodean o la situación, pero puedes aprender a pensar de forma más clara y positiva. Y eso hace que sea mucho más fácil disfrutar de la vida y encontrar soluciones a tus problemas.

¿CÓMO SE ATASCAN NUESTROS PENSAMIENTOS EN PRIMER LUGAR?

El mundo es un lugar complicado, y cada vez es aún más complicado. Cada día nos enfrentamos a situaciones nuevas, a las que nuestros antepasados cavernícolas nunca tuvieron que enfrentarse: la escuela, las citas, aprender a conducir, las solicitudes universitarias... Es mucho que procesar, y nuestros pequeños cerebros animales lo hacen lo mejor que pueden.

Un dato curioso: nuestros cerebros no quieren pensar ni resolver muchos problemas. Requiere demasiada energía. En cambio, nuestro cerebro prefiere utilizar atajos mentales. Estos atajos evitan que nos abrumemos con demasiados detalles y decisiones. Nos ayudan a utilizar experiencias pasadas para predecir el futuro. La mayoría de las veces esto es bueno. Pero a veces, los atajos nos frenan, sobre todo cuando nos llevan a distorsionar la realidad y a creer cosas que no son ciertas.

Un ejemplo de ello es cuando intentas algo nuevo y fracasas. En lugar de ver esto como parte del proceso de aprendizaje, dices: «Soy malísimo. No sirvo para nada. Ni siquiera debería intentarlo». En realidad, tu cerebro intenta protegerte de futuras decepciones. El problema es que la afirmación «no sirvo para nada, ni siquiera debería intentarlo» no es cierta. Las consecuencias a largo plazo son que acabas sintiéndote mal contigo mismo y te resulta casi imposible aprender cosas nuevas.

CÓMO LIBERARTE DE LAS TRAMPAS DEL PENSAMIENTO

Cada uno de nosotros es único, y también lo son nuestros pensamientos. Aun así, tendemos a estancarnos en patrones de pensamiento muy similares. Estos patrones se denominan trampas del pensamiento. También se conocen como errores de pensamiento o pensamientos automáticos negativos (PAN). Todo el mundo cae a veces en estas trampas, pero con ayuda puedes aprender a liberarte de ellas.

Liberarte de las trampas del pensamiento consiste en replantearte los pensamientos. Cuando replanteas un pensamiento, buscas nuevas formas de pensar sobre lo que te preocupa. A veces, esto es todo lo que se necesita para marcar la diferencia en cómo te sientes. Aprender a replantear tus pensamientos requiere práctica. Pero con el tiempo, puedes aprender no solo a pensar de forma más positiva, sino a cambiar realmente las cosas que crees sobre ti mismo.

Mientras aprendas a replantear tus pensamientos, no te castigues. Todo el mundo se queda atrapado en trampas de pensamiento. Salir de ellas lleva tiempo, y es probable que te equivoques en el camino. Ten en cuenta que no tienes que ocultar tus sentimientos para reformular tus pensamientos. Si te sientes triste por una ruptura, puedes contarte una versión más positiva de la historia, sin dejar de estar triste por lo ocurrido.

TRAMPAS COMUNES DEL PENSAMIENTO Y ESTRATEGIAS PARA SALIR DE ELLAS

* **PENSAMIENTO DE TODO O NADA.** Esto significa que ves las cosas como buenas o malas, sin nada en el medio. No hay una zona gris, solo los extremos. «O soy el mejor o soy el peor». «O voy a entrar en la universidad perfecta o seré un perdedor total». «Si no obtengo una A+, bien podría haber obtenido una F».

* **SOBREGENERALIZACIÓN.** Esto significa tomar un solo acontecimiento y sacar conclusiones generales. Ejemplo: «Tuve una discusión con mi mejor amigo. Estoy seguro de que no quiere que volvamos a ser amigos».

* **DESCONTAR LO POSITIVO.** Ignorar cuando ocurren cosas buenas insistiendo en que «no cuentan» porque hubo otras circunstancias. Esto permite que el cerebro se mantenga en un patrón de pensamiento negativo. Ejemplo: «Saqué una A en el examen, pero también mucha otra gente, y se calificó con una curva».

* **SACAR CONCLUSIONES APRESURADAS.** Sacar conclusiones apresuradas es cuando omites pasos en tu lógica. Tomas las cosas como algo personal cuando en realidad no tienen nada que ver contigo. Supones que te va a pasar algo malo o que alguien va a tener sentimientos negativos hacia ti, aunque no haya pruebas que apoyen ese pensamiento. Ejemplo: «No me contestó de inmediato. Está enfadado conmigo por algo y ya no le agrado».

DESCONTAR LO POSITIVO

LA, LA, LA, ¡NO TE OIGO!

✳ **AFIRMACIONES CON «DEBERÍA».** Te centras en cómo deberían haber ido o cómo deberían haber sido las cosas en lugar de como son en realidad. Ejemplo: «Debería hacer más ejercicio». Cuando diriges afirmaciones con «debería» hacia los demás, puedes sentir ira, frustración y resentimiento. Ejemplo: «No debería haberme dicho eso. Es tan desconsiderado».

🟊 ECHAR LA CULPA. Echas toda la culpa de las cosas que van mal a otras personas, sin pensar en cómo puedes haberte equivocado o cómo podrías haber cambiado una situación. Ejemplo: «He sacado una nota horrible en el examen porque él tenía que llamarme para estudiar juntos. Sabía que necesitaba ayuda para aprobar el examen, entonces esta mala nota es por su culpa».

🟊 FILTRAR. Esto es cuando ignoras cualquier cosa que contradice lo que ya crees. Si piensas «nadie me aprecia nunca», ignoras los cumplidos. Si piensas «soy un fracasado», te culpas por todo lo malo, y atribuyes todo lo bueno al azar o a la suerte.

CONSEJOS PARA SUPERAR LAS TRAMPAS DEL PENSAMIENTO

🟊 REPLANTEA. Piensa en una forma diferente de ver la situación. Si tu pensamiento negativo es «no puedo hacer nada bien», una forma más amable de replantearlo es «me equivoqué, pero nadie es perfecto». O mejor aún: «Me equivoqué, pero ahora sé cómo prepararme para la próxima vez». Puede ser difícil hacerlo cuando te sientes mal contigo mismo, entonces debes preguntarte qué le dirías a un amigo si estuviera diciendo esas cosas.

* **DEMUÉSTRATE QUE ESTÁS EQUIVOCADO.** Busca evidencia que contradiga un determinado pensamiento negativo. Piensa en una ocasión en la que las cosas te salieron bien. En el futuro, dedica más tiempo a buscar esta versión diferente y positiva de lo que solías creer. Cada vez que lo haces, estás cambiando tu historia sobre ti mismo. Y vale la pena hacerlo, ¡porque mereces tener una historia mejor!

* **REESCRIBE LA ESCENA.** Esto funciona muy bien para combatir la culpa. Imagina que la situación es un cuento o una escena de una película, y reescríbela de modo que tú seas el único personaje. Solo tú puedes cambiar el resultado. Por ejemplo, si has estado pensando que tu calificación baja en un examen se debió a que un amigo tenía que llamarte para estudiar y no lo hizo, reescribe la historia para actuar de otra manera y obtener un resultado positivo.

* **RECUERDA QUE LOS PENSAMIENTOS NO SON HECHOS.** Tus pensamientos y sentimientos son válidos, pero no siempre reflejan la realidad. Por ejemplo, puede que te sientas feo, pero eso no significa que lo seas. Identifica de dónde proceden tus pensamientos, sentimientos y expectativas. Entonces hazte estas preguntas: «¿Quién dice que debo actuar de determinada manera?», «¿Es un verdadero experto en la materia y tiene derecho a controlarme?», «¿Sus expectativas son realistas?», "¿Importa realmente lo que piensen?". ¿Qué quieres *tú*?

* **OBTÉN LA PERSPECTIVA DE OTRA PERSONA.** A veces otras personas son capaces de ver mejor nuestras trampas del pensamiento. Los terapeutas están capacitados para detectar las trampas del pensamiento y ayudarnos a salir de ellas, pero los amigos y la familia también pueden hacerlo. Habla con una persona de confianza y asegúrate de que sea alguien que te dará comentarios constructivos, positivos y afectuosos. Quieres que te ayuden a replantear tus pensamientos sin invalidar tus sentimientos.

* **ESCRÍBELO.** Ya sea en un diario, en un foro de ayuda en línea o en un trozo de papel, escribir las cosas puede ayudarte a cambiar un poco la perspectiva. Después de escribir, mira tus notas como si fueran los pensamientos de otra persona. ¿Qué le dirías a un amigo que dijera cosas tan negativas de sí mismo? ¿Cómo lo ayudarías a enfocarse en los aspectos positivos?

* **COMPLETA LA HOJA DE EJERCICIOS DE LAS PÁGINAS SIGUIENTES: ENFRENTAR EL PEOR DE LOS CASOS.** La clave es seguir practicando cómo replantear los pensamientos hasta que esto se convierta en un hábito.

HOJA DE EJERCICIOS

ENFRENTANDO EL PEOR DE LOS CASOS

Una de las trampas de pensamiento más comunes es el pensamiento catastrófico, que consiste en plantearse de inmediato el peor de los casos, normalmente sin tener todos los hechos. Algunos ejemplos son: «Si no apruebo este examen, no entraré en una buena universidad y se acabará mi vida» y «Soy un perdedor. Nadie va a quererme nunca». Cuando se piensa así (y todos lo hacemos en algún momento), es fácil estancarse. Y si se convierte en un patrón, es posible que tu estado de ánimo empeore, evites responsabilidades y aumente tu ansiedad.

Utiliza esta hoja de ejercicios para ayudarte a replantear las trampas del pensamiento catastrófico.

Incluye tus propios ejemplos del peor de los casos. No te preocupes por si se trata *verdaderamente* de un pensamiento catastrófico. Escribe lo primero que se te ocurra. Intenta incluir al menos seis ejemplos._____

_____

_____

_____

_____

_____

_____

_____

_____

_____

_____

_____

_____

_____

_____

_____

_____

_____

Examina lo que has escrito más arriba. Elige tres puntos que quieras abordar. Escríbelos a continuación.

1. _____

_____

_____

2. _____

_____

_____

3. _____

_____

_____

Cuestiona cada pensamiento mediante la exploración de los puntos siguientes:

* ¿Estás seguro de que la idea es cierta o de que el evento va a suceder?
* ¿Hay alguna prueba de que sea cierto?
* ¿Hay pruebas de que no sea cierto?
* ¿El pensamiento está más arraigado en tus sentimientos o en la realidad?
* Si está basado en la realidad, ¿puedes enfrentarlo? ¿lo has afrontado antes?

Manejando las emociones difíciles

EQUIPAJE
EMOCIONAL

Aprender a manejar las emociones difíciles es arduo. Cuando las personas sienten dolor emocional, a menudo están dispuestas a hacer casi cualquier cosa para que ese dolor desaparezca. El problema es que lo que funciona a

Repasa tus tres pensamientos. ¿Cómo puedes cambiarlos para que sean más realistas y positivos? Por ejemplo, podrías cambiar «Si no apruebo este examen, no entraré en la universidad» por «Una calificación baja en un examen no cambiará nada y, además, la mayoría de las veces que creo que no he aprobado, en realidad aprobé».

1. _____

_____

_____

2. _____

_____

_____

3. _____

_____

_____

Ahora escribe tus pensamientos replanteados en un papel o en una nota adhesiva y colócalos en los lugares en los que es más probable que tengas problemas con los pensamientos del peor de los casos, como al lado de la cama, en el baño o incluso en la parte posterior del teléfono.

corto plazo suele ser muy perjudicial o destructivo a largo plazo. Empecemos por conocer algunas de las formas perjudiciales en que las personas afrontan las emociones difíciles.

NEGACIÓN

La negación se produce cuando una persona se niega a aceptar que algo va mal o que puede necesitar ayuda. Cuando la gente niega que tiene sentimientos problemáticos, esos sentimientos pueden embotellarse hasta que esa persona acaba «explotando» o actuando de forma perjudicial.

AISLAMIENTO

El aislamiento ocurre cuando una persona no quiere estar con otras personas ni participar en actividades que antes solía disfrutar. Esto es diferente de querer estar solo de vez en cuando, y puede ser una señal de advertencia de depresión.

Algunas personas pueden aislarse porque estar con los demás les exige demasiada energía o se sienten abrumadas. Otras personas pueden aislarse porque creen que no le agradan a la gente o la gente no quiere tenerlos cerca. En algunos casos, las personas que se avergüenzan de algo que han estado haciendo pueden alejarse para que otras personas no se enteren. Pero el hecho de aislarse conlleva sus propios problemas: soledad extrema, malentendidos, ira y pensamiento distorsionado. Necesitamos relacionarnos con otras personas para mantenernos equilibrados.

ACOSO

El acoso (o bullying) ocurre cuando una persona utiliza la fuerza, las amenazas o el ridículo para mostrar poder sobre los demás. Las personas suelen participar en comportamientos de acoso porque no se sienten bien consigo mismas y hacer que otra persona se sienta mal hace que ellas se sientan mejor. Este comportamiento es dañino tanto para el acosador como para la persona acosada, y no aborda los problemas subyacentes.

AUTOLESIONES

Las autolesiones pueden adoptar muchas formas: cortarse, matarse de hambre, darse atracones y purgarse o

participar en comportamientos peligrosos. Muchas personas se autolesionan porque sienten que así controlan el dolor emocional. Aunque estos comportamientos pueden proporcionar un alivio temporal, pueden volverse adictivos y causar más dolor a largo plazo.

CONSUMO DE SUSTANCIAS

El consumo de sustancias es el consumo de alcohol y otras drogas para que una persona se sienta mejor o adormecida ante situaciones dolorosas. El consumo de alcohol y drogas puede dañar el cerebro, haciendo que necesites mayores cantidades de sustancias para conseguir el mismo efecto. Esto puede empeorar aún más los sentimientos difíciles y, en algunos casos, puede conducir a pensamientos suicidas o a la adicción. Si te preocupa tu consumo de drogas o alcohol, habla con alguien de confianza para obtener ayuda.

Si has recurrido a alguno de esos enfoques, intenta seguir estos pasos para afrontar tus emociones difíciles de forma más segura:

✳ **RECONOCE CUANDO NO TE SIENTES BIEN. La conciencia emocional ocurre cuando reconoces y aceptas tus sentimientos. Tener** una buena conciencia emocional te permite comprender lo que ocurre en tu interior para no verte empujado a una reacción que no sirva de nada. El truco está en nombrar lo que sientas con precisión, sin juzgarte ni autocriticarte. Este es un ejemplo: «Estoy muy decepcionado por no haber sido invitado a la fiesta. Me siento triste por ello». Dedica uno o dos días a observar tus pensamientos y acciones. ¿Qué pistas te dan sobre tu estado emocional? Escribe estas observaciones en un diario como primer paso hacia una mayor conciencia emocional.

* **PERMÍTETE SENTIR TODAS TUS EMOCIONES.** La gente suele hacer cosas para intentar sentirse mejor cuando está triste, enfadada, ansiosa, avergonzada o siente algún otro tipo de dolor. Puede que sea una reacción natural, pero es importante dejarte llevar por las emociones cuando surgen en lugar de intentar cambiarlas inmediatamente. En otras palabras, dedica un tiempo a aceptar tus sentimientos. Puede resultar incómodo, pero es un paso importante para superarlos. Esto no significa que debes permitirte estar enfadado o devastado durante días enteros. Si te sientes así y no puedes desprenderte de tus emociones ni superarlas, pide ayuda a un amigo, familiar o terapeuta de confianza.

* **EXPRESA TUS EMOCIONES DE UNA FORMA DIFERENTE Y MÁS SANA.** Cuando hayas aprendido a detectar las señales mentales y físicas de tus emociones, podrás encontrar formas positivas

de expresarlas, como hablar con otras personas o escribir en un diario. Con el tiempo, puedes revisar estas entradas para ver si aparece algún patrón. Tendrás una mayor ventaja si utilizas tu diario no solo para desahogarte, sino también para resolver problemas. ¿Otras formas de expresar tus sentimientos? Llora si lo necesitas. O ve una película, lee un libro o escucha música que evoque lo que sientes y te ayude a derramar esas lágrimas.

* **LIBERA LA TENSIÓN.** La ira puede ser una de las emociones más difíciles de expresar porque lo que haces cuando estás enfadado puede dañar tus relaciones. En su lugar, considera la posibilidad de hacer ejercicio vigoroso, salir a correr o incluso gritar contra una almohada. Si estás en medio de una conversación, toma un descanso y regresa cuando puedas expresarte adecuadamente. Evita las acusaciones y utiliza frases del tipo «yo siento» para asumir tu ira u otros sentimientos. Por ejemplo, di «Me siento herido y enfadado cuando me hablas así» en lugar de «Me enfadas mucho. ¡Eres un imbécil!».

* **PERMÍTETE TENER EMOCIONES POSITIVAS Y NEGATIVAS.** Tanto las emociones positivas como las negativas son esenciales. A todo el mundo le gusta expresar alegría, emoción y amor. Pero tal vez te hayan enseñado a alejar las emociones negativas como la ira, la vergüenza y la frustración. Reprimir tus emociones no hará que desaparezcan; de hecho, lo más probable es que empeoren. Las emociones reprimidas pueden contribuir a

condiciones de salud mental como la ansiedad o la depresión. En algunas situaciones, las emociones negativas son necesarias: proporcionan información sobre lo que es importante para ti y lo que podrías necesitar cambiar de ti mismo o de tu entorno.

✴ ¿NECESITAS MÁS ESTRATEGIAS? Consulta Recursos al final del libro para obtener más sugerencias.

Cómo escapar de las influencias tóxicas

INFLUENCIAS TÓXICAS

Todos tenemos muchas influencias positivas y negativas en nuestras vidas, y a veces la balanza puede inclinarse en la dirección equivocada. En el caso de la amistad, tal vez tengas un amigo que siempre está disponible y al que le gusta hacer las mismas cosas que a ti, pero es muy sarcástico y negativo. O tal vez diga cosas malas o hirientes. Y cada vez más, cuando pasas tiempo con esta persona, terminas enfadado y resentido. Te preguntas: «¿Por qué un amigo diría esas cosas y actuaría así?».

Muchas veces, los efectos de una relación tóxica te llegarán más tarde, después de una conversación o intercambio. Tal vez lo repites en tu cabeza, preguntándote por qué esa persona actuó así. Tal vez incluso dudas de ti mismo o te criticas por no haber manejado la situación de otra manera. Peor aún, puedes pensar que estás exagerando o que estás loco. La forma extrema de esto es hacer luz de gas (o gaslighting), que es un tipo de manipulación emocional. Al hacer luz de gas, una persona intenta controlarte haciéndote creer que tu reacción o tus recuerdos son erróneos.

Por muy mal que te sientas en una relación o situación tóxica, hay muchas cosas que puedes hacer para mejorarla y alejarte. El primer paso es hacerte a un lado. Las personas tóxicas son realmente buenas en lo que hacen. A menudo mezclan algunos aspectos positivos con los negativos, lo que puede resultar confuso. Es útil saber más sobre las personas tóxicas para poder identificarlas y mantener una distancia de seguridad. Estos son algunos rasgos comunes:

* **MANIPULADORAS.** Las personas tóxicas pueden parecer genuinamente interesadas en tu compañía y en conocerte. Con el tiempo, utilizarán los conocimientos que adquieran sobre ti para intentar controlarte. A menudo tergiversarán tus palabras o te harán sentir culpable para salirse con la suya.

* **CRUELES.** Los insultos son la forma más directa en que las personas tóxicas pueden hacerte sentir mal, pero la mayoría de las veces afectan tu autoestima de formas más sutiles. Cuando te sientes feliz u orgulloso de ti mismo, encontrarán formas de restarle importancia a tus logros. También pueden actuar como si fueran más listos o superiores en un intento de hacerte sentir insignificante.

* **CRÍTICOS.** Todo el mundo puede ser crítico de vez en cuando, pero una persona tóxica es crítica casi todo el tiempo. Tienden a ver las cosas en blanco y negro y a criticar todo aquello con lo que no están de acuerdo o desaprueban, en lugar de considerar las circunstancias o los sentimientos de otras personas.

* **PASIVO-AGRESIVO.** Este comportamiento consiste en expresar descontento sin decirlo directamente. Es un tipo de hostilidad que es menos obvia que la ira y puede manifestarse de varias maneras. Algunas formas de agresión pasiva incluyen comentarios sarcásticos, sabotear tus esfuerzos y hacer algo

a propósito –o no hacer algo– para hacerte sentir incómodo o enfadado.

* EGOCÉNTRICOS. Las personas tóxicas se preocupan principalmente por sí mismas. Se creen mejores que los demás y no piensan en cómo sus acciones afectan a los demás. Una persona egocéntrica se enfoca en conseguir lo que quiere y es poco probable que ceda o considere el punto de vista de otra persona.

* EXPLOSIVOS. En este caso, la cosa más insignificante puede desencadenar un ataque de ira, y la persona tóxica puede decir cosas desagradables e hirientes. Si se disculpa al día siguiente, a menudo no es sincera y no tardará en repetir el comportamiento.

* CONTROLADORES. Uno de los rasgos más peligrosos de una persona tóxica es cómo intentan controlar los comportamientos de los demás. Pueden intentar limitar tu interacción con amigos o familiares, o impedir que pases tiempo lejos de ellos.

RELACIONES ABUSIVAS

Si te encuentras en una situación en la que una persona intenta restringir tus movimientos o tu comunicación, se trata de un abuso y requiere una acción inmediata. Llama al 1-800-799-7233 (o al 1-800-787-3224 para TTY, línea telefónica de texto), o si no puedes hablar por teléfono, puedes acceder a espanol.thehotline.org o enviar un mensaje de texto con la palabra «START» al 88788.

Uno de los problemas de las relaciones abusivas es que puede ser difícil saber qué está pasando realmente, sobre todo si la persona es sutilmente controladora y tu autoestima es baja. Pero las relaciones abusivas suelen seguir las mismas etapas y señales. Comienzan siendo increíblemente excitantes, donde tu nuevo amigo o pareja romántica hace todo lo posible por demostrar su atención y devoción. La relación suele avanzar muy deprisa. Se envían constantemente mensajes de texto y hablan todo el tiempo. Y al principio, es muy tierno ver cómo te protegen, cómo se ponen un poco celosos si pasas tiempo con alguien más, incluso con amigos. Pero luego la protección se convierte en posesividad y paranoia. En un esfuerzo por demostrar tu devoción, empiezas a pasar menos tiempo con otras personas y a renunciar a tus propios intereses y actividades. Como resultado, te vuelves cada vez más dependiente de este amigo o compañero, que utiliza el afecto impredecible, las críticas, las culpabilizaciones y otras formas de manipulación como herramientas para controlarte. Sientes que caminas con pie de plomo a su alrededor para evitar ofender, molestar o enfurecer a esta persona.

HOJA DE EJERCICIOS

DESINTOXICAR TU VIDA

Ahora que sabes más sobre las relaciones tóxicas y los rasgos de las personas tóxicas, ¿cómo puedes liberarte de ellas? Poner límites es una parte importante, pero es más difícil de lo que parece. Establecer límites es asumir la responsabilidad de tus emociones y comportamientos, pero no la de los demás.

Las siguientes preguntas te ayudarán a establecer unos buenos límites. Hay dos pasos. En primer lugar, darás sentido a los aspectos positivos y negativos de las influencias en tu vida. En segundo lugar, ganarás confianza para hacer cambios positivos que pueden resultar incómodos o difíciles.

IDENTIFICAR LAS INFLUENCIAS TÓXICAS

¿Qué o quién es lo que necesitas eliminar de tu vida? Puede tratarse de una persona, un comportamiento o una situación. _____

_____

_____

¿Qué es tóxico o inaceptable en esa persona, comportamiento o situación? (Ejemplos: «Pegarse». «Insultarse». «Hacer planes, cancelarlos y luego salir con otra persona»). _____

_____

_____

_____

¿Cuáles son algunas alternativas deseables o saludables? (Ejemplos: «Quiero a alguien que me anime». «Quiero a alguien que sea paciente». «Quiero a alguien con quien pueda contar»). _____

_____

_____

_____

_____

GENERAR CONFIANZA PARA DESINTOXICARTE

¿Qué puedes decirte para darte ánimos? (Ejemplos: «Merezco relaciones sanas». «Me elijo a mí». «No tengo por qué estar con gente que me menosprecia y me hace sentir mal»). _____

_____

_____

_____

¿Qué puedes decirle a la influencia tóxica para poner límites? (Ejemplos: «No está bien que hagamos esto». «Quiero que nuestra relación sea más sana y positiva. Esto es lo que está bien que hagas y esto es lo que no está nada bien»).

_____

_____

¿Qué puedes hacer y decir para reforzar tus límites y crear una distancia saludable? (Ejemplos: "Si haces _____ me voy a ir". "Cuando digas _____ voy a tomarlo como una señal de que ya no debemos ser amigos"). _____

_____

_____

_____

REFLEXIONES FINALES

¡Felicitaciones por dar un gran paso para sentirte mejor y mejorar tu vida! Si has llegado hasta aquí, seguramente has aprendido mucho y es probable que tengas muchos pensamientos en tu mente. Quizás te sientas esperanzado por primera vez en meses. Tal vez quieras sentirte esperanzado, pero ya se acumulan los obstáculos: estás demasiado ocupado y no tienes tiempo para trabajar en ti mismo. Las personas que deberían apoyarte se interponen en tu camino. O tal vez ni siquiera puedas recordar lo que acabas de leer porque tu cerebro está abrumado y tu atención se ha desconectado.

¡No te preocupes! Estará todo bien, y este es el motivo:

Ya eres lo suficientemente bueno. Ya eres digno de amor y respeto. Ahora mismo. Tal como eres. Con defectos y todo. Intenta creer en esa afirmación: que ya eres lo suficientemente bueno y digno de amor y respeto. Dilo en voz alta. «Ya soy suficientemente bueno. Soy digno de amor y respeto». ¿Qué se siente? Repítelo y sigue repitiéndolo hasta que suene a verdad y empieces a creerlo.

Otra cosa: no hay plazos rígidos para solucionar tus problemas. Tienes literalmente el resto de tu vida. Si parece que otras personas «lo consiguen» más rápido que tú o tienen vidas mucho más fáciles, ¿cuál es el problema? Se trata de su viaje. Tú estás en tu propio viaje. Puede que sea un viaje más difícil que el de otros, pero es tuyo propio, y es igual de importante y significativo. Mientras sigas aprendiendo sobre ti mismo y conectándote con los demás, también lo lograrás. Y cuando decimos *lograrlo*, estamos hablando de una vida real, que sea importante y significativa para ti.

Por último, la recuperación no es lineal. Tal vez progreses un poco y luego retrocedas. No pasa nada. Siempre puedes volver a este libro más adelante. Mejorar es un proceso y no un logro final. Eso es todo: sé amable contigo mismo, sigue aprendiendo y mantente en contacto con gente buena. ¡Te amamos y creemos en ti!

**TUS AMIGOS DE
MENTAL HEALTH AMERICA**

RECURSOS

MENTAL HEALTH AMERICA

En el sitio web de Mental Health America (MHANational. org) encontrarás mucha información adicional. Dedica algún tiempo a navegar en él para descubrir el contenido que sea más relevante para ti. Aquí tienes algunos ejemplos:

* Encontrar un grupo de apoyo (MHANational.org/find-support-groups). Esta sección te guía a través de diversas opciones de grupos de apoyo, incluyendo una lista de recursos especializados.
* Pruebas de salud mental (MHAScreening.org). Aquí encontrarás pruebas de salud mental rápidas y sencillas para diversas condiciones de salud mental, con el fin de determinar si experimentas síntomas de una condición en particular.
* Más temas (screening.MHANational.org/mental-health-101/). Aquí encontrarás rápidamente información sobre condiciones de salud mental que no se tratan en este libro.

✳ **Dónde obtener ayuda (MHANational.org/recursos-en-espanol/ obteniendo-ayuda). Se trata de información que te guiará por sus opciones para encontrar terapeutas y otros especialistas en salud mental.**

También puedes seguirnos en Instagram como @MentalHealthAmerica, donde compartimos consejos e inspiración.

OTRAS ORGANIZACIONES ÚTILES

Alcohol y abuso de sustancias

Al-Anon (al-anon.org)

Trastorno por déficit de atención con hiperactividad

TDAH Asociación del Trastorno por Déficit de Atención (ADD.org)

Niños y adultos con trastorno por déficit de atención e hiperactividad (CHADD.org)

Autismo

Sociedad Estadounidense del Autismo (AutismSociety.org)

Acoso

Teens Against Bullying (PacerTeensAgainstBullying.org): creado por adolescentes

Depresión y trastorno bipolar

Depression and Bipolar Support Alliance (DBSAlliance.org): apoyo y recursos entre pares

Trastornos alimentarios

Asociación Nacional de Trastornos Alimentarios (NationalEatingDisorders.org)

Salud mental general

Teen Help (TeenHelp.com): guías sobre autoestima, suicidio, depresión, abuso/trauma sexual y consumo de sustancias.

Born This Way Foundation (BornThisWay.foundation): programas y asociaciones de bondad, un blog activo, una amplia lista de recursos y líneas de ayuda en caso de crisis.

My Life is Worth Living (MyLifeIsWorthLiving.org/watch/watch-spanish/): una serie animada sobre la prevención del suicidio.

Go Ask Alice! (GoAskAlice.columbia.edu): preguntas y respuestas sobre salud emocional

National Alliance on Mental Illness (nami.org): apoyo y defensa de las familias

Duelo y pérdida

Hospice Foundation of America (HospiceFoundation. org): grupos de apoyo y asesoramiento en duelo para adolescentes.

Personas sin hogar

Covenant House (CovenantHouse.org/Homeless-Shelters): ofrece alojamiento y servicios de apoyo a jóvenes sin hogar.

LGBTQ+

LGBT National Help Center (LGBTHotline.org o 800-246-7743): ofrece asesoramiento entre pares por teléfono y correo electrónico, así como información y recursos.

The Trevor Project (TheTrevorProject.org): la mayor comunidad de redes sociales seguras para jóvenes LGBTQ.

Trevor Lifeline está disponible 24 horas al día, 7 días a la semana, en el 1-866-488-7386.

Abuso físico y emocional

Love Is Respect (Espanol.LoveIsRespect.org): apoyo anónimo y confidencial, en tiempo real, información y defensa para las personas que sufren relaciones románticas de abuso. Envía un mensaje de texto con la palabra LOVEIS al 22522, o llama al 1-866-331-9474.

National Domestic Violence Hotline (Espanol.The Hotline.org/): apoyo anónimo y confidencial, en tiempo real, para personas en cualquier situacion abusiva o de violencia domestica. Envía un mensaje de texto con la palabra START al 88788 o llama al 1-800-799-7233.

Suicidio

American Foundation for Suicide Prevention (AFSP.org) Yellow Ribbon (YellowRibbon.org): información y recursos para la prevención del suicidio

Síndrome de Tourette

Tourette Association of America (Tourette.org)

LÍNEAS DIRECTAS NACIONALES GRATUITAS

✸ Boys Town en el 1-800-448-3000: linea de crisis, recursos y derivación que ayuda tanto a adolescentes como a padres.

✸ Child-Help USA en el 1-800-422-4453 (1-800-4-A-Child): ayuda tanto para menores como adultos supervivientes de abusos, incluidos los sexuales. la linea directa, atendida por profesionales de la salud mental, también ofrece derivaciones para tratamientos.

* Covenant House Nineline en el 1-800-999-9999: hay asesores de crisis disponibles para hablar con personas sin hogar y en situación de riesgo.

* Línea de texto para crisis: apoyo las 24 horas del día para las personas en crisis. Envía un mensaje de texto con la palabra AYUDA al 741741 desde cualquier lugar de Estados Unidos y, en cuestión de minutos, un asesor de crisis capacitado y en directo responderá a tu mensaje. El intercambio de mensajes de texto es gratuito, confidencial y no aparecerá en tu extracto telefónico.

* Línea directa nacional contra la violencia doméstica: 1-800-799-SAFE (7233) y 1-800-787-3224 (TTY)

* Línea directa nacional para la agresión sexual en el 1-800-656-HOPE (4673): personal capacitado de un proveedor de servicios contra la agresión sexual de tu zona.

* Línea Nacional de Prevención del Suicidio en el 988: respuesta a crisis las 24 horas.

* Localizador de tratamientos de SAMHSA en el 1-800-662-4357: te proporciona información sobre los servicios locales de salud mental.

APLICACIONES GRATUITAS DE SALUD MENTAL

* **Calm (Calm.com):** meditaciones guiadas, historias para dormir, programas de respiración y música relajante.
* **Wysa (Wysa.com):** ayuda a los usuarios a través de inteligencia artificial (IA) a expresar sus emociones mientras desarrollan habilidades de resiliencia de salud mental.
* **MindShift (AnxietyCanada.com/Resources/Mindshift-cbt):** diseñado para jóvenes con ansiedad.
* **Oak (OakMeditation.com):** aplicación de meditación y respiración.
* **Shine (TheShineApp.com):** una aplicación de meditación creada por una mujer negra y una mujer mitad japonesa que no veían sus experiencias representadas en los programas de bienestar convencionales.
* **Ten Percent Happier (TenPercent.com):** biblioteca con más de 500 meditaciones guiadas para combatir la ansiedad, el estrés y la falta de sueño, así como videos, historias breves e inspiración para escuchar sobre la marcha.

30 ideas para mejorar tu salud mental

1. **Lleva un seguimiento de tu gratitud y tus logros en un diario.** Incluye tres cosas por las que estás agradecido y tres cosas que hayas podido lograr cada día.

2. **Respiración profunda.** Siéntate o acuéstate en una posición cómoda. Apoya tus manos sobre tu estómago. Cuenta lentamente hasta cuatro mientras inhalas por la nariz. Siente cómo se levanta el estómago. Contiene la respiración un segundo. Cuenta lentamente hasta cuatro mientras exhalas, preferiblemente con los labios fruncidos para controlar la respiración. El estómago caerá lentamente. Repítelo varias veces.

3. **Planea unas vacaciones.** Puede ser un campamento con amigos o simplemente un viaje en automóvil a un lugar nuevo. ¡La acción de planificar y tener algo que esperar puede aumentar tu felicidad en general por hasta ocho semanas!

4. **Trabaja en tus fortalezas.** Haz algo en lo que te destacas para generar confianza en ti mismo, luego enfrenta una tarea más difícil.

5. **Mantén un ambiente fresco para dormir bien por la noche.** La temperatura óptima para dormir es entre 60 y 67 grados Fahrenheit.

6. **Meditación de atención plena.** Concéntrate en tu respiración. Observa sin juzgar nada de lo que pasa por tu conciencia. Si tu mente empieza a ocuparse de tu lista de tareas pendientes, vuelve a centrarte en tu respiración.

7. **Sé creativo.** Experimenta con una nueva receta, escribe un poema, pinta o prueba un proyecto de Pinterest. La expresión creativa y el bienestar general están relacionados.

8. **Demuestra algo de amor a alguien de tu vida.** Las relaciones estrechas y de calidad son clave para la felicidad y la salud.

9. **Aumenta la capacidad intelectual.** Disfruta de un par de trozos de chocolate negro cada pocos días. Se cree que los flavonoides, la cafeína y la teobromina del chocolate actúan conjuntamente para mejorar el estado de alerta y las habilidades mentales.

10. **Hazlo público: compartir tiene su poder.** Si tienes una experiencia personal con las condiciones de salud mental o la recuperación, compártela en X, Instagram y Tumblr.

11. **¿Te sientes ansioso?** Colorea durante unos veinte minutos para despejar tu mente. Selecciona un diseño que sea geométrico y un poco complicado para un mejor efecto. Busca en internet páginas para colorear; hay cientos disponibles.

12. **Dedica un tiempo a reír.** Sal con un amigo divertido, ve una comedia o ve videos ridículos en línea. La risa ayuda a reducir la ansiedad.

13. **Sal de la red.** Deja tu teléfono en tu hogar por un día y desconéctate de los correos electrónicos constantes, alertas y otras interrupciones. Dedica tiempo a hacer algo divertido con alguien en persona.

14. **Baila mientras haces las tareas domésticas o limpias tu habitación.** Bailar reduce los niveles de cortisol (la hormona del estrés) y aumenta las endorfinas (la sustancia química del cuerpo que nos hace sentir bien).

15. **Puedes bostezar.** Los estudios sugieren que bostezar ayuda a controlar el cerebro y aumenta el estado de alerta y la eficiencia mental.

16. **Relájate en un baño caliente una vez a la semana.** Intenta agregar sales de Epsom para relajarte y ayudar a aumentar los niveles de magnesio, que pueden reducirse por el estrés.

17. **Haz todo lo posible por tomar quince minutos de sol.** La luz solar sintetiza la vitamina D, que los expertos creen que eleva el humor.

18. **Repite un mantra.** Siéntate en silencio y elige cualquier palabra, frase o sonido significativo o tranquilizador, como «Puedo estar en calma», «Estoy bien» o «Paz». Puedes repetir el mantra en voz alta o en silencio. Los expertos afirman que la repetición crea una respuesta de relajación física.

19. **Escribe todo.** ¿Algo te ha estado molestando? Desahógate... en papel. Escribir sobre experiencias molestas puede ayudar a reducir los síntomas de la depresión.

20. **Pasa tiempo con un amigo peludo.** Estar con animales reduce la hormona del estrés (cortisol) y aumenta la oxitocina, que estimula los sentimientos de felicidad. Si no tienes una mascota, visita a un amigo que trabaje como voluntario en un refugio.

21. **Visualización.** Cierra los ojos, relájate e imagina un lugar tranquilo, como un bosque. Pon en marcha tus sentidos: escucha el crujido de las hojas, huele la tierra húmeda, siente la brisa.

22. **Sé un turista en tu propia ciudad.** Con frecuencia, las personas solo visitan las atracciones turísticas cuando viajan, pero puedes sorprenderte de las cosas interesantes que hay en tu propia ciudad.

23. **Intenta preparar tus almuerzos o elegir tu ropa para la próxima semana.** Ahorrarás tiempo por la mañana y tendrás un sentido de control sobre la semana siguiente.

24. **Incorpora algunos ácidos grasos omega-3 a tu dieta:** alimentos como el salmón salvaje, las semillas de lino y las nueces. Entre sus muchos beneficios, están relacionados con la disminución de las tasas de depresión y esquizofrenia. Los suplementos de aceite de pescado funcionan, pero consumir omega-3 en los alimentos también ayuda a desarrollar bacterias intestinales saludables.

25. **Practica el perdón,** incluso si es solo perdonar a esa persona que te interrumpió en el camino a la escuela. Las personas que perdonan tienen una mejor salud mental e informan estar más satisfechas con sus vidas.

26. **Participa en una forma meditativa de ejercicio.** Prueba el tai chi o el qigong, que utilizan movimientos relajantes y fluidos.

27. **Sonríe cuando te sientas estresado.** Tal vez no sea lo más sencillo para hacer, pero sonreír puede ayudar a reducir la frecuencia cardíaca y calmarte.

28. **Envía una nota de agradecimiento,** no por un elemento material, sino para decirle a alguien que lo aprecias. Las expresiones escritas de gratitud se relacionan con una mayor felicidad.

29. **Haz algo con amigos y familiares:** prepara una comida, visita un parque o juega un juego. Las personas tienen una probabilidad doce veces mayor de sentirse felices en los días en que pasan al menos seis horas con amigos o familiares.

30. **Dedica treinta minutos a pasear por la naturaleza.** Puede ser un paseo por un parque o una excursión por el bosque. Las investigaciones demuestran que estar en la naturaleza puede aumentar los niveles de energía, reducir la depresión y fomentar el bienestar.

Lecturas complementarias

Are u ok?: A Guide to Caring for Your Mental Health
por Kati Morton (Da Capo, 2018)

(Don't) Call Me Crazy
editado por Kelly Jensen (Algonquin, 2018)

***It's All Absolutely Fine: Life Is Complicated
So I've Drawn It Instead***
por Ruby Elliot (Andrews McMeel, 2017)

***Just As You Are: A Teen's Guide
to Self-Acceptance and Lasting Self-Esteem***
por Michelle Skeen y Kelly Skeen (Instant Help, 2018)

***Mindfulness and Meditation:
Handling Life with a Calm and Focused Mind***
por Whitney Stewart (Twenty-First Century Books, 2019)

Mind Your Head
por Juno Dawson (Hot Key Books, 2016)

***Your Brain Needs a Hug:
Life, Love, Mental Health, and Sandwiches***
por Rae Earl (Imprint, 2019)